AF561242

ENGLISCHE GRAMMATIK RICHTIG ANWENDEN (TEIL 1: ZEITEN)

von Birgit Kasimirski

Alle Rechte vorbehalten

Bibliografische Information der Deutschen Nationalbibliothek: Die Deutsche Nationalbibliothek verzeichnet diese Publikation in der Deutschen Nationalbibliografie; detaillierte bibliografische Daten sind im Internet über https://www.dnb.de abrufbar.

Das Werk einschließlich aller seiner Teile ist urheberrechtlich geschützt. Jede Verwertung außerhalb der Grenzen des Urheberrechts ohne Zustimmung des Verlags ist unzulässig. Wer gegen das Urheberrecht verstößt, macht sich gem. §§ 106 ff. UrhG strafbar, wird zudem kostenpflichtig abgemahnt und muss Schadensersatz leisten (§97 UrhG).

Englische Grammatik richtig anwenden - Teil 1: Englische Zeiten in der Praxis
(Originalausgabe)
1. Auflage, April 2024

© by Birgit Kasimirski
Alle Rechte vorbehalten.

Verlag
KLHE Verlag
C. Klein & J. Helbig GbR
Hortensienstr. 26
40474 Düsseldorf

Gestaltung
Umschlaggestaltung: © Christopher Klein, KLHE Verlag
Umschlagfoto: © Jochen Rolfes
Lektorat & Korrektorat: KLHE Verlag
Layout: @deekay_1, Christopher Klein

ISBN: 978-3-98538-161-6

Weitere Informationen:
www.klhe.de

Bonus-Material zum Buch

Liebe*r Leser*in,

bei unseren Büchern richten wir den Fokus stets auf die unmittelbare Anwendbarkeit des vermittelten Wissens in der Praxis. Mit diesem Ziel entstand in den vergangenen Jahren – basierend auf dem breiten Erfahrungsschatz der Autorin Birgit Kasimirski – ein einzigartiger Newsletter mit hilfreichen Übungen, Zusatzmaterialien und wertvollen Inhalten zum Thema „Englische Grammatik richtig anwenden".

Tragen Sie sich ein und erhalten Sie kostenlose Zusatzmaterialien und -Informationen und auch rechtzeitig Hinweise zu exklusiven Angeboten und Geschenkaktionen! Wir wünschen schonmal viel Erfolg!

Link zum kostenfreien Material:
https://www.klhe.de/sprache/newsletter-englische-grammatik/

DANKSAGUNG

Für meine Kinder und alle, für die Englisch wichtig ist.
Vielen Dank an meine Lernenden, die mir ihr Vertrauen entgegengebracht haben. Sie alle sind mein Erfahrungsschatz.
Ein großer Dank geht an meinen Mann Dirk, an David aus Malvern (UK), sowie an Mechthild und Mone. Mit eurer Unterstützung konnte dieses Buch entspannt entstehen.

INHALTSVERZEICHNIS

„I have been impressed with the urgency of doing. Knowing is not enough; we must apply. Being willing is not enough; we must DO."
– Leonardo da Vinci

VORWORT

Noch ein Übungsbuch zur englischen Grammatik?

Ja, denn der Bedarf an Englisch nimmt weiter zu. In ganz vielen Bereichen im Arbeits- und Freizeitumfeld bemerken Menschen, dass ihnen gute Englischkenntnisse weiterhelfen (würden). ArbeitgeberInnen erwarten, dass MitarbeiterInnen problemlos an Konferenzen - online oder persönlich - in einem internationalen Umfeld teilnehmen können. Viele Unternehmen agieren zunehmend weltweit. Andere Länder (z.B. Niederlande, China, Indien) legen seit eh und je einen starken Wert darauf, dass Englisch gelehrt und gelernt wird. Kurzum: Englisch ist und bleibt wichtig.

Meine Erfahrung aus fast 20 Jahren mit Lernenden ist diese: Ein Teil der Bevölkerung hat nach der Schule bereits mit Englisch gearbeitet, war im Ausland, hat im Studium oder bei Fortbildungen Texte auf Englisch konsumiert oder produziert und dadurch eine Sprachkompetenz erworben, die nötig ist, um problemlos Konversation zu betreiben. Der andere Teil hat Englisch nach der Schule nicht mehr oder nur sehr wenig benutzt. Diese letztere Gruppe macht einen großen Anteil aus. Viele Menschen in Deutschland haben wenig, gute oder sehr gute Vorkenntnisse, aber es fehlt an Praxis, Übung und Routine. Es gibt große Wissenslücken bei der Anwendung der englischen Grammatik, da die Schulzeit weit zurückliegt. Für diese Gruppe schreibe ich das Buch, sowie für SchülerInnen ab etwa Klasse 9.

Falls Sie Englisch im Beruf brauchen: Vermeiden Sie es, an internationalen Konferenzen teilzunehmen? Englisch zu verstehen, ist nicht Ihr Problem - Sie möchten aber nichts sagen! Scheuen Sie Smalltalk auf Englisch? Bitten Sie Ihre KollegInnen aus den Niederlanden, mit Ihnen Deutsch zu sprechen? Dann sind Sie nicht alleine! Ganz vielen anderen geht es genauso.

Mit dieser Buchserie, die in zwei Teilen aufgelegt wird – Teil 1 halten Sie in der Hand – möchte ich Ihnen helfen, mit Spaß und Motivation zügig Ihre Sprachkenntnisse zu verbessern. Es wäre schön, wenn Sie in Zukunft jede Gelegenheit wahrnehmen, das Gelernte anzuwenden und keine Scheu davor haben, auf Englisch zu kommunizieren. Englisch sollte zu etwas Normalem werden.

Betrachten Sie dieses Buch als Ihren persönlichen **Sprach-Trainer**. In Teil 1 lernen und üben Sie alle Zeitformen ein, in Teil 2 (ISBN: 978-3985381678) liegt der Schwerpunkt auf Konditionalsätzen, Steigerungen, Präpositionen, Passive Voice und anderen wichtigen Aspekten, um die englische Sprache richtig anzuwenden. In beiden Teilen erfahren Sie in einzelnen Kapiteln, wie die Zeiten richtig anzuwenden sind.Einen Großteil der Kapitel machen die Übungen aus. Dabei sind Sie gefragt, die Grammatik zu trainieren. Die Übungen sind unterteilt in die Bereiche **Leisure** und **Business**, das heißt Sie können das Buch nutzen, unabhängig davon, wo Ihr persönlicher Schwerpunkt liegt. Im Bereich **Leisure** erhalten Sie etwas mehr Hilfestellung. In Ihrem Lernprozess halte ich Sie im Buch zu einer guten Mischung aus Aktivität und Pausen an. Daher finden Sie regelmäßig Aufforderungen, das Buch zur Seite zu legen und eine Tasse Tee (oder Kaffee) zu genießen. Denn es ist wie bei allen Dingen: Informationen und neu Gelerntes sacken zu lassen und mit ein bisschen Abstand wieder erneut darauf zurück zu kommen, unterstützt den Lernprozess.

Das bringt mich zu einem wichtigen Aspekt: Wir Deutsche sind für unsere Gründlichkeit bekannt. Wir wollen immer 100, lieber noch 150 Prozent geben. Nur bitte setzen Sie sich nicht zu sehr unter Druck, seien Sie geduldig, wenn Sie zu Beginn nicht direkt alles richtig in die Praxis umsetzen können. Eine Verbesserung auf 80 Prozent korrekt ist auch viel wert. Kaum ein Brite oder Amerikaner würde denken „Was für Fehler!", sondern vielmehr: „Eine Fremdsprache würde ich auch gerne sprechen". Und finden wir die Verwechslung der Artikel *der/die/das*, wenn diese einem Franzosen unterlaufen, nicht charmant? Vielmehr kann der eigene Anspruch, keine Fehler machen zu wollen, hinderlich sein, wenn dieser Sie davon abhält, überhaupt in eine englische Konversation einzusteigen. Denn dann verpassen Sie etwas Wichtiges: das Sprechen. Die größten Fortschritte werden Sie immer durch aktives Anwenden erreichen. Just do it! Practice, practice, practice.

Mein Fokus liegt auf dem britischem Englisch (BE).

Möchten Sie wissen, *wo Sie stehen*, dann finden Sie im Internet unter https://www.europaeischer-referenzrahmen.de/sprachniveau.php Informationen zu den sechs Sprach-Niveaus: A1, A2, B1, B2, C1 bis hin zu C2 (Muttersprachler).

Ich hoffe, ich kann Sie in meinen Büchern dazu ermutigen, Ihre Englischkompetenzen mit Freude neu aufzufrischen, zu verbessern, Fehlerquellen zu erkennen und einiges rund um Englisch ein für allemal zu verstehen.

EINLEITUNG

Wie lernen Sie Sprache am besten?

Eine Verbesserung Ihrer Sprachkompetenz können Sie auf unterschiedliche Weise erreichen. Die beste Art und Weise ist immer ein Aufenthalt im Land der Zielsprache. Dann sind Sie als Lernende/r unentwegt der neuen Sprache ausgesetzt, hören diese und müssen sprechen.

Eine weitere Möglichkeit ist, die Zielsprache zu konsumieren: Filme auf Englisch schauen, Podcasts anhören, Bücher, Magazine oder Zeitungen lesen, sich im Internet Videos anschauen und/oder einen „Native Speaker" treffen. Die Idee dahinter ist es, die Zielsprache so oft und viel wie möglich zu hören und vor allem durch Nachahmung zu lernen. Das ist ein wichtiger Teil auf dem Weg zur verbesserten Sprachkompetenz. Hören Sie mich gemeinsam mit Rebecca Deacon und Dave Preston über wichtige Themen austauschen in unserem Podcast THREE ENGLISH EXPERTS (Spotify, Amazon etc.).

Viele Menschen haben die Regeln der Grammatik einmal gelernt, aber nicht wiederholt oder bewusst angewendet. Dann müssen Sie manchmal bestimmte Dinge nachlesen. Dazu eignen sich Bücher nach wie vor sehr gut! Also t*he good old way* - Lernen mit einem Buch – funktioniert auch heute immer noch gut. Und es gibt verschiedene Lerntypen: visuell, auditiv, kommunikativ und motorisch. Vermutlich wissen Sie, was Ihnen beim Lernen besonders gut hilft: Abbildungen, Kennzeichnungen, Kommunikation, Hören. Machen Sie sich Ihre Art, gut zu lernen, zunutze.

Hinsichtlich der Grammatik bedarf es einer gehörigen Portion an Motivation, um die Regeln und Vokabular zu lernen. Wir dachten, wir sind aus der Schule raus und brauchen es nicht mehr - im Falle des Lernens einer Fremdsprache stimmt das leider nicht. Es braucht ein gewisses Maß an Wissen über die Regeln der Grammatik, um sicher in der Sprache kommunizieren zu können. Dieses Maß an Wissen - und damit meine ich nur die wirklich wichtigen Dinge - präsentiere ich Ihnen kompakt in meinen Büchern.

Zur Festigung der Theorie bedarf es der Übung. Unser Gehirn muss neue Verbindungen bilden und je öfter wir diese Verbindungen benutzen, desto größer ist die Wahrscheinlichkeit, dass wir das neue Wissen abrufen können. Das ist die Antwort auf die obige Frage. Ich schreibe diese Bücher, um Ihnen praxisnahe und nützliche Übungen für die englische Grammatik an die Hand zu geben. Anders als viele Übungsbücher, folge ich keinem Schulcurriculum, sondern zeige Ihnen auf, was meiner Erfahrung nach besonders relevant für Ihre Sprachpraxis ist und folge dabei dem Motto: „As much as necessary, as little as possible" – **So viel wie nötig, so wenig wie möglich**. Ich mache es Ihnen also, hoffentlich, leicht.

FÜR WEN IST DIESES BUCH (BAND 1 UND BAND 2) GEEIGNET?

Diese Buchreihe schreibe ich für alle, die Vorkenntnisse haben. Meistens betreffen diese das Schulenglisch und mehr oder weniger weitere Erfahrungen mit der Sprache außerhalb der Schule.

Bei den Vorkenntnissen gibt es jedoch auch Abstufungen. Wie im Vorwort erwähnt, gibt es insgesamt sechs LEVEL, in die Sprachkenntnisse europaweit eingeteilt werden. Diese Bänder richten sich vor allem an Menschen auf einem mittleren Sprach-Level. Haben Sie ein höheres Niveau (B2+, C1) erreicht, werden Ihnen die angesprochenen Themen wahrscheinlich keine Schwierigkeiten bereiten. Vielleicht finden Sie dennoch den einen oder anderen Aspekt, der für Sie neu ist.

Die unterschiedlichen Voraussetzungen von Lernenden berücksichtige ich durch die Unterscheidung der Übungen in die Bereiche **Leisure** und **Business**. So setze ich im Bereich **Leisure** (*Freizeit*) weniger Kenntnisse voraus und gebe Verben und Signalwörtern vor. Im Bereich **Business** ist das anders. Für Sie als LeserIn bedeutet das, dass Sie in jedem Fall Übungen in diesem Buch finden werden, die für Ihren persönlichen Lernfortschritt hilfreich sind.

TIPPS ZUR NUTZUNG

Wie nutzen Sie BAND 1 optimal?

Zeitliche Flexibilität ist beim Erlernen einer Sprache zunehmend wichtig. Ihr Lernprozess ist so **individuell** wie Ihre Anforderungen. Ihr Englisch hat ein bestimmtes Niveau. Wenn Sie das Buch als Ihren persönlichen Sprach-Trainer betrachten, bietet es Ihnen die **Flexibilität**, selbst zu bestimmen, wann Sie es zur Hand nehmen und wie oft Sie darin lesen oder damit üben.

Bestimmen Sie Ihr Workout selbst: Heute eine Übung und morgen zwei? Sind Sie ein Sprinter oder brauchen sie etwas Zeit? That's up to you - ganz nach Ihrem Gusto. Lernen Sie in Ihrem eigenen Tempo und erhalten Sie sich damit die Freude am Thema.

Ich schlage vor, Sie lesen zuerst meine Anmerkungen „*GRUNDSÄTZLICHES ZUR ENGLISCHEN GRAMMATIK*" und „*GRUNDSÄTZLICHES ZU DEN ÜBUNGEN*", verschaffen sich dann einen Überblick im Inhaltsverzeichnis und entscheiden, wo Ihre Schwächen und Interessen liegen. Was wollen Sie als Erstes verbessern? Unter „*WIE SIE LERNFORTSCHRITTE MESSEN?*" finden Sie nützliche Tipps, wie Sie feststellen können, ob sich etwas verändert. Für Eilige gibt es den „QUICK READER": Schlagen Sie die erste Seite eines Kapitels auf und finden Sie dort einen Kasten mit einigen Verben – derart konjugiert, wie es die jeweilige Grammatik erfordert. Manchen Lernenden reicht diese Information möglicherweise bereits, um sich zu erinnern z.B.:

QUICK READER

I **work** in Berlin, I **read** many books every year, my family often **talks** to friends, on Wednesdays I **drive** to the gym, I **write** a diary, I never **eat** spinach

Selbstverständlich können Sie das Buch auch von vorne bis hinten durchlesen.

Vielleicht stellen Sie sogar einen Trainingsplan auf. Dann haben Sie ein Ziel und es fällt Ihnen leichter, das Buch regelmäßig zur Hand zu nehmen. Sehr sinnvoll ist es, Englisch von nun an in Ihren Alltag zu integrieren. Hierfür habe ich einen **Remind-Myself-Zettel** für Sie vorbereitet (siehe nachfolgende Seite).

Dieser kann zu einer nützlichen Gedankenstütze und zum Hilfsmittel in Ihrem Lernprozess werden. Kopieren Sie den Zettel und legen ihn tagsüber in Ihre Reichweite. So kann schnell mal ein Gedanke (***Wie könnte ich das auf Englisch formulieren? Das Wort möchte ich unbedingt nachschlagen***) festgehalten werden. Denn:

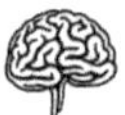 Wir lernen am besten, wenn...

... wir wiederholen – idealerweise kurz nachdem wir etwas neu gelernt haben.
... wir motiviert sind.
... wir das Gelernte als sinnvoll und verständlich wahrnehmen.
... wir in kleinen Einheiten – am besten täglich – lernen.
... wir mit allen Sinnen lernen.

Die vier Kategorien auf dem **Remind-Myself-Zettel** sind nur Vorschläge. Es geht vielmehr darum, Englisch (lernen) in Ihren Alltag zu integrieren.

Ein weiterer TIPP: Nehmen Sie sich vor, alles, was Sie sich täglich notieren (Einkaufszettel, Stichpunkte etc.), auf Englisch zu schreiben.

Hier finden Sie einen Link zum Download/Ausdruck finden Sie hier: https://birgitkasimirski.de/wp-content/uploads/2021/08/Remind-Myself_ToDos.pdf

REMIND MYSELF ...TO DOS...

...look up vocabulary words...	... expressions/sentences I often need...
...podcasts, interesting websites, mnemonic aids (Eselsbrücken)...	**...repeat/train...**

GRUNDSÄTZLICHES ZUM AUFBAU

Dieses Buch enthält sechs Kapitel, in denen Sie alles über die Zeitformen erfahren. Die Kapitel 1 bis 5 befassen sich mit den **Big 5**: SIMPLE PRESENT, PRESENT CONTINUOUS, SIMPLE PAST, PRESENT PERFECT und WILL FUTURE. Wenn Sie diese fünf Zeiten beherrschen, können Sie die meisten Dinge gut kommunizieren. Im Kapitel 5 (Future) lernen Sie daneben auch die anderen Future-Tenses kennen! Was Ihnen dann noch fehlt, sind die Vorvergangenheit, Verlaufsform in der Vergangenheit, zu finden im Kapitel 6. Über die Konditional-Sätze sowie weitere Aspekte der Grammatik spreche ich in Band 2 dieser Buchreihe.

Jedes Kapitel beginnt mit Erläuterungen – möglichst kurz und knapp. Ich verwende im Buch **Icons** aus dem Bereich des Sports (sehen Sie Grammatik als **sportliche Herausforderung**). Die Icons bei den Erläuterungen sind Hinweise dafür, was auf Sie zukommt. Das Icon einer Hantel zeigt hier an: „Das ist heavy stuff!", also mühsam. Bei diesen Abschnitten muss man sich konzentrieren. Bevor es zu den Übungen geht, finden Sie das Icon einer Teetasse. Nun können Sie durchatmen und noch einmal rekapitulieren: Was also ist wichtig?

Dann geht es zum Kern, quasi in den Trainingsraum: Zu den Übungen, welche Icons für welche Art Übung stehen, lesen Sie unter *Grundsätzliches zu den Übungen* nach.

Die Übungsbereiche sind aufgeteilt in **Leisure** und **Business**. Hier heißt es *YOUR WORKOUT – YOUR TURN*. Nun entscheiden Sie, welcher Bereich Sie interessiert und ob Sie mehr oder weniger Hilfestellungen möchten. Denn im Bereich **Leisure** werden die Verben und Signalwörter vorgegeben. Dort beziehen sich die Sätze auf alltägliche Dinge rund um Familie, Freizeit, Reisen und enthalten entsprechendes Vokabular. Im **Business** verzichte ich auf Hilfe(n) und Sie finden Sätze aus dem Arbeitsleben mit dementsprechend anderem Vokabular. Der Aufbau in beiden Bereichen ist sehr ähnlich. Die Lösungen *„CHECK YOUR ANSWERS"* finden Sie jeweils auf der direkt nachfolgenden Seite. Zu jedem Übungssatz biete ich Erklärungen an und gebe Hinweise, die, meiner Erfahrung nach, Fragen bei Lernenden aufklären.

Auf einigen Seiten finden sich nützliche Vokabeln, auf Übungsseiten sind Vokabeln grau hinterlegt. Verteilt im Buch finden Sie englische Entsprechungen für deutsche Sprichwörter.

Meine Motivation

Ich habe eine klare Vorstellung davon, was für jede/n Lernenden wichtig ist und ich möchte Sie dort abholen und Ihnen aufzeigen: ***Welche Zeiten helfen weiter, um Gegenwart, Vergangenheit und Zukunft in der englischen Sprache richtig auszudrücken und warum***? Wichtig ist mir dabei, dass ich nicht einem Lehrplan folge, sondern erfahrungsgemäß aus dem Sprachgebrauch heraus eine Auswahl treffe: Welche Lektionen brauchen Sie, um sich ausdrücken zu können und welche nicht?

Der Grund für diese Herangehensweise liegt auf der Hand: Ich bin Journalistin und selektiere von Berufs wegen zwischen Wichtigem und weniger Relevantem. Auf Englisch würde ich sagen: I can't help it.

Last but not least: Ich bin von England geprägt und benutze daher die britische Schreibweise, also z.B. neigb**ou**r (BE) und nicht neighb**o**r AE (American English). Das ist Geschmackssache und kann in Ihrem Umfeld anders gefordert sein. Das Eine ist genauso wenig falsch oder richtig wie das Andere. Ebenso wenig falsch oder richtig ist die Verwendung von dieser oder jener Vokabel – denn es gibt, wie so oft, viele Arten, um etwas auszudrücken. Wenn Sie bei einer Übung also eher ein anderes Wort nutzen würden: Please do! Es geht in den Übungen vor allem darum, Ihnen aufzuzeigen, welche Zeit die beste Wahl ist.

REFLEXION – WO STEHEN SIE UND WAS IST IHR ZIEL?

Wie bereits kurz angesprochen, kann der Hang zur Perfektion beim Erlernen einer neuen Sprache hinderlich sein. Wir müssen also akzeptieren, dass uns – wenn wir beginnen zu kommunizieren – nicht derselbe Wortschatz und die Fähigkeit zur Verfügung stehen wird, wie in der eigenen Sprache. Es ist ein Prozess.

Komplexe Sätze mit anspruchsvollen Vokabeln herleiten zu können, sollte also nicht der erste Schritt sein. Wichtiger ist es in diesem Stadium, sicher und richtig Sätze zu bilden, möglicherweise mit *vermeintlich* einfacheren Worten, als Sie auf Deutsch wählen würden. Die gute Nachricht ist: Die englische Sprache lebt von aktiven kurzen Sätzen. Schachtelsätze wie im Deutschen sind viel weniger verbreitet. Engländer tendieren dazu, Dinge s*traightforward und in kurzen Sätzen aktiv auszudrücken*. Das ist für Sie ein guter Weg, um anzufangen, die Sprache zu sprechen und nicht, indem Sie Ihre vorformulierten deutschen Sätze 1:1 übersetzen wollen (mitunter ein schier unmögliches Unterfangen). Sie kennen eine Vokabel nicht – macht nichts, drücken Sie es anders aus! Free yourself! Ein Ziel ist es, Sätze eigenständig auf Englisch zu bilden und nicht zu übersetzen. Und dann heißt es: Trainieren Sie! Practice, practice, practice! Bis Englisch sprechen ganz natürlich für Sie wird. Machen Sie sich bewusst: Wenn Sie die Struktur (Grammatik) gut beherrschen und diese automatisiert erfolgt, können Sie endlos Vokabular aufbauen.

Lernen Sie neues Vokabular dazu, bleiben Sie neugierig, versuchen Sie, Formulierungen zu imitieren. Denn Sprachenlernen ist Lernen durch Nachahmen. Genau das geschieht, wenn Sie in einem fremden Land sind: Sie merken sich Formulierungen zu bestimmten Handlungen und sind nach und nach in der Lage, diese selber aktiv einzusetzen.

Und welcher Lerntyp sind Sie? Fällt Ihnen Imitieren leicht? Tun Sie es! Brauchen Sie Struktur? In diesem Buch finden Sie Antworten auf Ihre Fragen. Sind Sie beeindruckt von Menschen, die unglaublich gut frei Sprechen können, auch auf Deutsch? Beobachten Sie sich selbst: Wie spreche ich in meiner Muttersprache? Bin ich zurückhaltend, überlege ich gut, was ich sage, oder bin ich impulsiv? Sehr wahrscheinlich werden Sie auch im Englischen auf ähnliche Weise kommunizieren.

Wenn wir erkennen, was uns daran hindert, zufrieden mit unserem Lernfortschritt zu sein, können wir vielleicht unsere Strategie anpassen.

GRUNDSÄTZLICHES ZUR ENGLISCHEN GRAMMATIK

Im Folgenden erkläre ich kurz und knackig einige fundamentale Themen der Grammatik, die für Lernende wichtig sind. Natürlich werden diese im Buch erneut aufgegriffen und ausführlicher behandelt.

Grammatik gibt Struktur. Struktur ist wie ein Gerüst, an dem wir uns festhalten oder zumindest orientieren können. Unsere Muttersprache haben wir alle mühelos durch Nachahmung und Anwendung gelernt. Wir *wissen ganz einfach,* wie es heißen sollte. Eine Fremdsprache zu lernen, bedeutet, dass wir uns die Struktur, den Aufbau aneignen müssen, wir müssen lernen, was sich manchmal mühsam anfühlt.

Aber – und das ist eine gute Nachricht – im Fall von Englisch ist es so, dass die meisten von uns das Grundgerüst bereits einmal gelernt haben. Vielleicht wackelt es an manchen Stellen, doch durch die Vorkenntnissse sind schnell gute Fortschritte möglich. Meine Aufgabe ist es, Ihnen zu zeigen, **welche Stellen im Gerüst** (Aspekte der Sprache) der englischen Grammatik **besonders wichtig sind** (weil sie diese brauchen) und worauf Sie achten können, wenn Sie auf Englisch besser kommunizieren möchten.

GEGENWART - VERGANGENHEIT – ZUKUNFT

Ich möchte, dass Ihnen bewusst wird, dass Sie – grammatikalisch - immer eine Entscheidung treffen, d.h., ob Sie über Dinge sprechen, die in der

GEGENWART ODER VERGANGENHEIT ODER ZUKUNFT PASSIEREN.

Je nachdem, welche Zeit Sie benutzen, drücken Sie eben genau das aus:

GEGENWART	VERGANGENHEIT	ZUKUNFT
SIMPLE PRESENT	SIMPLE PAST	WILL
PRESENT CONTINUOUS	PAST CONTINUOUS	FUTURE CONTINUOUS
PAST PERFECT		FUTURE PERFECT
		GOING TO
PRESENT PERFECT		

Die Zeit PRESENT PERFECT steht dabei zwischen Gegenwart und Vergangenheit. Das ist eine Herausforderung für uns, denn sie drückt aus, dass etwas in der Vergangenheit begonnen hat und bis jetzt (in die Gegenwart) andauert. Das kennen wir in der deutschen Grammatik nicht, uns reicht der Zusatz *seit*.

AUSSAGE - VERNEINUNG - FRAGE

Ich möchte Ihnen außerdem vermitteln, dass es wichtig ist, zu beachten, ob etwas formuliert wird als **AUSSAGE, ODER VERNEINUNG** oder **FRAGE.**

Positive Aussagen sind meist leicht zu bilden, da Sie der Struktur von Subjekt – Verb – Objekt folgen. Die englische Grammatik sieht bestimmte Regeln bei Verneinungen und Fragen vor (z.B. die Nutzung des Hilfsverbs do/does/did*)*.

Unter den Erläuterungen finden Sie in jedem Kapitel Beispiele zur Bildung von

 Aussage

 Frage: Satzanfang !

 Verneinung = not

 (Kurz-)Antwort

Die Frage weist Sie darauf hin, dass der Satzanfang beachtet werden muss! Grundsätzlich ist es wichtig, zu wissen, dass ich in der englischen Sprache in vielen Fällen am Satzanfang ein Hilfsverb benötige, um eine Frage richtig zu stellen:

Do you like pizza?	~~Like you pizza?~~
Did you see Lisa?	~~You saw Lisa?~~

Bei Antworten auf Fragen gibt es häufig die Möglichkeit, Contractions (Kurzformen) zu bilden: I am = I'm, she does not = she doesn't. Sie haben die Option, eine **Lang-Antwort** oder **Kurz-Antwort** zu geben. Ich führe in den Erläuterungen der Zeiten aus Platzgründen NICHT beide Formen an, sondern variiere (wobei es hier keine Wertung gibt). Sie entscheiden selbst, welche Form Sie verwenden möchten.

	Lang-Antwort	Kurz-Antwort/Contraction
Did you see Lisa?	No, I **did not**.	No, I **didn't**.

Die Beispielsätze nenne ich für alle Personalpronomen

Singular		
1. Person	ich	i
2. Person	du	you
3. Person	er/sie/es	He/she/it

Plural		
1. Person	wir	we
2. Person	ihr	you
3. Person	sie	they

Das ist bei manchen Zeiten besonders wichtig, zum Beispiel im SIMPLE PRESENT. Dabei spielt in der 3. Form Singular (he/she/it) das „s" eine bedeutende Rolle! Vielleicht kennen Sie sogar noch den beliebten Lehrerspruch: He/she/it - das „s" muss mit.

VERBEN: VOLLVERB – HILFSVERB

Diese Begriffe tauchen bei den Erläuterungen immer wieder auf. Darunter ist zu verstehen:

Vollverb	Dieses Verb drückt die Tätigkeit aus! WAS wird GETAN?
Hilfsverb	Dieses Verb hilft, die GRAMMATIK zu bilden. Es leistet Hilfestellung und hat in dieser Funktion keine direkte inhaltliche Aussage: be, do und have.

I **like** apples.	to like = Vollverb, *mögen*
Do you **like** apples?	to do = Hilfsverb (hilft, die *Frage zu bilden*) to like = Vollverb, *mögen*

Z.B. kann *do* im gleichen Satz als Vollverb und als Hilfsverb auftauchen:

How **do** you **do** this?	to do = Hilfsverb, *Frage bilden* to do = Vollverb, *tun/machen*

VERBLISTEN: GRUNDFORM - 2. FORM – 3. FORM

Für die Bildung jeder Grammatik ist das VERB zentral. Jedes Verb hat 3 Formen. Im Englischen gibt es die Unterscheidung zwischen **regelmäßigen** und **unregelmäßigen** Verben. Bei regelmäßigen Verben endet die 2. und 3. Form auf **-ed** (wird angehängt). Die 2. und 3. Formen der unregelmäßigen Verben muss man lernen, da diese keinem allgemeingültigen Muster folgen.

Grundform	**2. Form**	**3. Form**	
INFINITIVE	SIMPLE PAST	(PARTIZIP) PERFECT	
regelmäßige Verben	to rain	rain**ed**	rain**ed**
	to live	liv**ed**	liv**ed**
	to laugh	laugh**ed**	laugh**ed**
unregelmäßige Verben	to go	**went**	**gone**
	to see	**saw**	**seen**
	to get	**got**	**got**

DAS KONZEPT CONTINUOUS (-ING)

In der englischen Grammatik taucht immer wieder das Konzept eines *Zeitraums* auf, über den hinweg etwas *passiert*. Das ist aus grammatikalischer Sicht das CONTINUOUS (auch PROGRESSIVE genannt). Dieser Zeitraum kann jetzt gerade im Moment sein (PRESENT PROGRESSIVE), er kann letzte Woche stattgefunden haben (PAST PROGRESSIVE) oder wird kommen (FUTURE PROGRESSIVE). Dadurch wird ausgedrückt, dass eine Tätigkeit oder ein Status *im Verlauf* war, ist oder sein wird. Diese Zeit heißt daher auch *Verlaufsform*. Vielleicht hilft es Ihnen, sich gedanklich ein Bild von einem Expander vorzustellen: Das, was kommuniziert wird, zieht sich zeitlich in die Länge!

Während ich in diesem Moment schreibe	It is **snowing.**	von 14 Uhr bis...
Seit Jahren dauert dieser Trend an:	The climate is **changing**.	seit vielen Jahren...
Letzte Woche, als ich umzog:	It was **raining**.	zwischen 13 und 15 Uhr
Heute Abend von 20-22:00:	I will be **watching** a football match.	20 bis 22 Uhr
Er lebt hier seit 2015:	He has been **living** here since 2015.	seit 2015 bis...

Wichtig: jede Zeit im CONTINUOUS –ing wird mit einer Form von to be (als Hilfsverb) gebildet.

RICHTIG FRAGEN UND ANTWORTEN

Fragen stellen auf Englisch ist ein Thema, weil das *Konzept* der englischen Sprache ein anderes ist als in der deutschen. Wir können nicht 1:1 übersetzen:

Magst du Zucchinis?	~~You like courgettes? / Like you courgettes?~~
Es brauch*t* das Hilfsverb **do**:	Do you like courgettes?

SIMPLE PRESENT:	**Do** you like cucumbers? **Does** she like it?
PRESENT CONTINUOUS:	**Are** you learning? **Is** he watching?
SIMPLE PAST:	**Did** you see the film?
PRESENT PERFECT:	**Has** she left? **Have** you moved?
WILL:	**Will** she get it?
GOING TO:	**Is** she going to find a new flat?
PAST CONTINUOUS:	**Was** she watching when you came home?
PAST PERFECT:	**Had** she known her before?

Am Satzanfang steht meistens ein HILFSVERB!

Grundsätzlich: Werden **Fragewörter** benutzt, stehen diese in der Satzstruktur immer ganz vorne, es sei denn, man macht einen Einschub wie *You know, why…*, aber sie stehen immer VOR dem Hilfsverb:

	Fragewort	**Hilfsverb**	
Warum	Why	do	you work so late?
Wann	When	has	she got time?
Wo	Where	are	they playing?
Wieviel	How much	does	it cost?
Wie	How	did	we get there?
Was	What	have	you bought?
Wer Wen	Who	did	you know?

Besonderheit WHO

Fragen nach **WHO** = WER als Subjekt im Satz (Person) werden anders gestellt, als es die Regel vorschreibt:

Where **do** you live?	**aber**	Who **lives** there?
What **does** he read?		Who **reads** it?

Nach dem Fragwort who folgt das Vollverb, nicht das Hilfsverb.

Tag questions / question tags

Question tags sind Anhängsel an Aussagen, die wir treffen, um eine Bestätigung von unserem Gegenüber zu erhalten. Zum Beispiel verwendet man im Bergischen Land *„ne?"*
Das war gut, ne? Was wir fragen, ist: oder etwa nicht?
Ich möchte also nachfragen: Das, was ich gesagt habe, stimmt das?

Das Prinzip in der englischen Sprache funktioniert folgendermaßen:
Stelle ich eine positive Aussage auf, ist das question tag (die Rückfrage) negativ.
Stelle ich eine negative Aussage auf, ist das question tag (die Rückfrage) positiv.

It was good, wasn't it?	positive Aussage, negative Rückfrage
It wasn't good, was it?	negative Aussage, positive Rückfrage

There **were no** dogs, were there?
They **had** a lot to drink, didn't they?
She **looks** beautiful, doesn't she?
You **are having** fun, aren't you?
Um dieses Mittel der Konversation zu nutzen, muss ich wissen, wie Fragen richtig gestellt werden.

Contractions

Wie erwähnt, können Antworten auf Fragen als Contractions gegeben werden:

I am watching	= I'm watching
she does not want	= she doesn't want
we will see	= we'll see

Sie entscheiden, wie Sie es sagen möchten. Bei den Beispielsätzen variiere ich.

GRUNDSÄTZLICHES ZU DEN ÜBUNGEN

Die Übungen sind aufgeteilt in die Bereiche **Leisure** und **Business**. Die Anforderungen an die Grammatik unterscheiden sich nicht.

In jedem Kapitel beziehen sich die Übungen auf die jeweilige behandelte Zeit. Ich mixe hier absichtlich nicht die Zeiten untereinander, da das Einstudieren der richtigen Anwendung im Vordergrund steht. Manchmal stelle ich zwei Zeiten gegenüber, das steht dann jedoch in der Anleitung. Im Anschluss an Kapitel 6 finden Sie den Übungsteil Kompakt. In diesem Bereich können Sie *alle* Zeiten (Kapitel 1 bis 6) in gemischten Übungen trainieren.

Sie finden auf jeder Seite mit Übungsfragen in der rechten oberen Ecke eine Angabe, wie viele Übungssätze es in diesem Kapitel und Bereich gibt: Beispiel: **1-10/**40 SIMPLE PRESENT. Sie bearbeiten dann gerade die Sätze 1 bis 10 zum diesem Thema von insgesamt 40 Übungssätzen.

Die Lösungen CHECK YOUR ANSWERS finden Sie auf der nachfolgenden Seite, Sie müssen also lediglich umblättern. Die Lösungssätze heben die wichtigen grammatikalischen Stellen hervor und Sie erfahren, wo mögliche Fehlerquellen liegen könnten.

Zur Orientierung finden Sie in diesem Buch den Übungen entsprechend passende Icons:

SAY IN ENGLISH

Bei diesen Übungen werden Sie gefragt, komplette Sätze vom Deutschen ins Englische zu übersetzen (unbekannte Vokabeln sind angegeben). Es ist in der Regel ein Mix aus Aussagen, Fragen und Verneinungen und fragt alle in den Erklärungen genannten Aspekte dieser Zeit ab.

FILL IN THE GAPS

Bei dieser Aufgabe sind Sie gefragt, die korrekte Form der Grammatik einzusetzen.

ANSWER THE QUESTION

Diese Übung behandelt teilweise geschlossene Fragen (Yes, No) und offene Fragen. Aufgabe ist, zu trainieren, dass im Englischen häufig so geantwortet werden kann, wie gefragt wurde: **Is** Peter at work? Yes, he **is**.

ASK QUESTIONS

Ihre Aufgabe ist in dieser Übung, Fragen korrekt zu formulieren.

FIND & FIX THE MISTAKE

Bei dieser Übung müssen Sie einen grammatikalischen Fehler, der sich im Satz versteckt hat finden und korrigieren.

Generell gilt:

Bei allen Lösungssätzen können Formulierungen immer auch anders ausfallen. Ich tendiere zu geläufigen Formulierungen. Der Aspekt Grammatik steht im Vordergrund. Bitte haben Sie das im Hinterkopf und werten eine Antwort nicht als falsch, sollten Sie sich für eine andere Vokabel entschieden haben.

Wie viele der Übungen Sie erledigen, **bleibt Ihnen überlassen**.

Mein Tipp: Üben Sie besonders die Kapitel, bei denen Sie (noch) viele Fehler machen.

„Übung macht den Meister"...  **..."practice makes perfect"**

1 SIMPLE PRESENT BIG 5

SIMPLE PRESENT ist eine Zeit der GEGENWART - sie ist für uns gefühlt im wahrsten Sinne des Wortes simple, weil sich viele Aussagen 1:1 aus dem Deutschen übersetzen lassen. Aber Achtung - nicht immer 1:1 wie im Deutschen anwenden, denn SIMPLE PRESENT bezieht sich immer darauf, was *generell* gilt und/oder *regelmäßig, wiederkehrend passiert* z.B. täglich, wöchentlich, einmal im Monat.

Damit wird also beschrieben oder nachgefragt, wo jemand wohnt, was er/sie beruflich macht und welche Hobbies er/sie hat, wie ein Tages-, Monats-, Arbeitsablauf aussieht, welche Vorlieben, Abneigungen, Angewohnheiten es gibt. Zusätzlich werden damit oft *Zustandsverben* gebildet, die nicht in ein PRESENT CONTINUOUS (Verlaufsform mit -ing) gesetzt werden, mehr dazu unter Kap. 2.

QUICK READER

alles, was generell gilt

I **work** in Berlin, I **read** many books every year, my family often **talks** to friends, on Wednesdays I **drive** to the gym, I **write** a diary, I never **eat** spinach

In der deutschen Sprache drücken wir damit auch Dinge aus, die wir *gerade im Moment des Sprechens* tun, wenn die englische Grammatik PRESENT CONTINUOUS I am reading fordert, mehr in Kap. 2.

THE ESSENTIALS

SIMPLE PRESENT wird gebildet aus dem INFINITIVE to live, go, have, do, ...

- bei der 3. Person Singular HE/SHE/IT wird das "s" benutzt (He/she/it, das "s" muss mit)
- he live**s**, she goe**s**, it ha**s**, she doe**s**
- bei Verneinungen und Fragen wird das **Hilfsverb do** verwendet mit

- der Grundform des Vollverbs I **don't** live, we **don't** go, they don't have
- **Do** they have something? **Do** we go somewhere?
- bei Verneinungen und Fragen mit HE/SHE/IT wird das Hilfsverb do + s =
- does verwendet mit dem Vollverb he doe**s**n't like. Doe**s** she go?
- Bei Fragen steht das Hilfsverb do/does am Satzanfang
- Do you like... Do we have... Doe**s** she like... Doe**s** he go...?
- Signalwörter: usually, always, often, every week/day/year...

Verwenden Sie das „s" nur **einmal**, vermeiden Sie also den doppelten Zwilling bei der Form does:

Falsch: Doe**s** she like**s** it? Richtig: Doe**s** she like it?

▯ essentials: Wesentliches, twin/s: Zwilling/e, Zustandsverben u.a.: to agree, to be, to like, to hate, to hear, to imagine, to know, to need, to prefer, to promise, to realise, to see, to want

COMMON MISTAKES

- Fragen werden fälschlicherweise nicht mit do/does gestellt.
- Verneinungen werden fälschlicherweise nicht mit don't/doesn't gebildet.
- Bei HE/SHE/IT wird das „s" vergessen.

THIS IS HOW IT WORKS

Aussage

I	**like** apples.
You	**work** every day.
HE **SHE** **IT**	**speaks** Spanish. **loves** to cook. **seems** strange.
We	**go** by car.
You	**take** the bus.
They	**feel** unhappy.

Verneinung = do / does not

don't	**like** apples.
don't	**work** every day.
doesn't **doesn't** **doesn't**	**speak** Spanish. **love** to cook. **seem** strange.
don't	**go** by car.
don't	**take** the bus.
don't	**feel** unhappy.

 Frage: Satzanfang !

Do	I	**like** apples?
Do	you	**work** every day?
Does **Does** **Does**	**HE** **SHE** **IT**	**speak** Spanish? **love** to cook? **seem** strange?
Do	we	**go** by car?
Do	you	**take** the bus?
Do	they	**feel** unhappy?

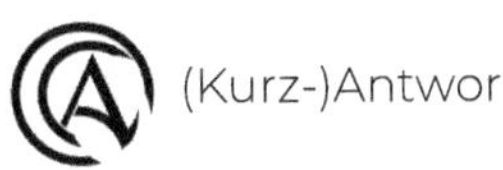 (Kurz-)Antwort

Yes,	I **do**.
No,	you **don't**.
Yes, Yes, No,	he **does**. she **does**! it **does not**.
Yes,	we **do**.
No,	I **don't**.
No,	they **do not**.

▯ ***common:*** häufige, verbreitete, ***to work:*** hier: funktionieren, ***strange:*** seltsam, ***peculiarity/-ies:*** Eigen- Besonderheit/en, ***to be peculilar:*** sonderbar, seltsam/ eigen sein

PECULIARITIES

SIMPLE PRESENT wird bei **allen Verben** so wie oben aufgezeigt gebildet. **Nur** die Verben to have und to be bilden eine Ausnahme: Sie benötigen kein Hilfsverb do/does, um eine Verneinung oder Frage zu bilden, sie kommen in der Regel ohne! Dennoch gilt weiterhin die Regel: HE/SHE/IT mit „s“: he ha**s**, she i**s**.

HOW IT WORKS WHEN YOU USE TO BE

 Aussage

I	**am**	a teacher.
You	**are**	a football star.
HE **SHE** **IT**	**is** **is** **is**	a doctor. a policewoman. a German shepherd.
We	**are**	a family.
You	**are**	a team.
They	**are**	our neighbours.

 Verneinung = not

'm not	a teacher.
're not	a football star.
's not **'s not** **'s not**	a doctor. a policewoman. a German shepherd.
're not	a family.
're not	a team.
're not	our neighbours.

Frage: Satzanfang !

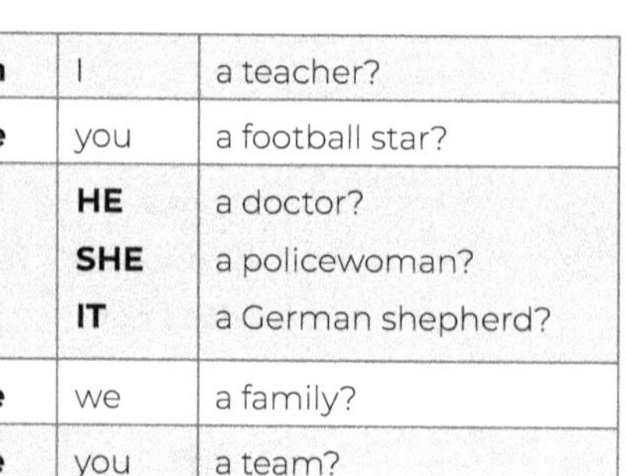

Am	I	a teacher?
Are	you	a football star?
Is **Is** **Is**	**HE** **SHE** **IT**	a doctor? a policewoman? a German shepherd?
Are	we	a family?
Are	you	a team?
Are	they	our neighbours?

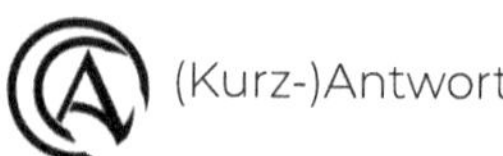

(Kurz-)Antwort

Yes,	I **am**.
No,	you **aren't.**
No, No, Yet,	he **is not**. she **isn't**. it **is**.
Yes,	we **are**.
No,	we'**re not**.
Yes,	they **are**.

HOW IT WORKS WHEN YOU USE TO HAVE (GOT)

! got *kann* optional verwendet werden zusammen mit have (wird häufig(er) wird in BE verwendet).

Antwort

I **have**	(got)	a sister.
You **have**		a dog.
HE has **SHE has** **IT has**		a flat. a necklace. a new basket.
We **have**		a day off.
You **have**		twins.
They **have**		holidays.

Verneinung = not

haven't	(got)	a sister.
haven't		a dog.
hasn't **hasn't** **hasn't**		a flat. a necklace. a new basket.
haven't		a day off.
haven't		) twins.
haven't		holidays.

- ***necklace:*** Kette, basket: Korb, flat: Wohnung
- ***German shepherd:*** Schäferhund
- ***toothache***: Zahnschmerzen
- ***headache/s:*** Kopfschmerzen
- ***ache:*** Schmerz
- ***freckles:*** Sommersprossen

Frage: Satzanfang !

Have	I	(got)	a sister?
Have	you		a dog?
Has **Has** **Has**	**HE** **SHE** **IT**		a flat? a necklace? a new basket?
Have	we		a day off?
Have	you		twins?
Have	they		holidays?

(Kurz-)Antwort

Yes,	I **have**.
No,	you **haven't**...
Yes, No, Yes,	he **has**. she **has not**. it **has**.
Yes,	we **have**.
Not,	we **haven't**.
Yes,	they **have**.

! Beim Verb to have können Verneinungen und Fragen *auch* mit dem Hilfsverb do/does gebildet werden. Jedoch darf dann kein got verwendet werden.

Aussage

I	**have**	(got)	a brother.
You	**have**		nice hair.
HE **SHE** **IT**	**has** **has** **has**		toothache. a headache. a tail.
We	**have**		freckles.
You	**have**		sweets.
They	**have**		training.

Verneinung = do / does not

don't	**have**	a brother.
don't		nice hair.
doesn't **doesn't** **doesn't**		toothache. a headache. a tail.
don't		freckles.
don't		sweets.
don't		training.

Frage: Satzanfang !

Do	I	**have**	a brother?
Do	you		nice hair?
Does **Does** **Does**	**HE** **SHE** **IT**		toothache? a headache? a tail? (dog)
Do	we		freckles?
Do	you		sweets?
Do	they		training?

(Kurz-)Antwort

Yes,	I **do**.
No,	you **don't**.
Yes, No, No,	he **does**. he **does not**. it **doesn't**.
No,	we **don't**.
Yes,	we **do**.
No,	they **do not**.

GOOD TO KNOW

Generell gilt: Werden **Fragewörter** benutzt, stehen diese in der Satzstruktur. Frage ich mit who/what nach dem Subjekt, dann fällt das Hilfsverb do/does weg:

Who lives next door?	aber:	Where **do** you **live**?
Who/What comes next?		What **do** we **do** next?

Have a break! Time for a cup of tea or coffee...

BEFORE YOU START THE WORKOUT

LET'S RECALL: SIMPLE PRESENT

- Ausdrücken, was generell gilt, regelmäßig geschieht
- **Signalwörter**: u.a. often, always, never, usually, every week, on Mondays...
- Bei HE/SHE/IT, also wenn du über *eine* dritte Person sprichst, mit „s"
- Verneinungen und Fragen brauchen das Hilfsverb do/does
- Verneinungen und Fragen mit HE/SHE/IT brauchen das Hilfsverb does
- Nicht zweimal „s" verwenden = doppelter Zwilling (does he talks=falsch)
- Kommt to be als Vollverb im Satz vor, ist kein do/does nötig
- Kommt to have als Vollverb im Satz vor, kann do/does verwendet werden

"easy does it" ... **... „immer sachte"**

Warm-up: stretching = get ready!

YOUR WORKOUT – YOUR TURN

LEISURE

1-10/40 **LEISURE**

SIMPLE PRESENT

SAY IN ENGLISH

1. Anne und Robert leben in einem **Mehrfamilienhaus** in Berlin. ***(to live)*** *apartment-building / multi-family building*
2. Meine Eltern betreiben eine **Autowerkstatt** im Schwarzwald. ***(to run / in the Black Forest)*** *garage/ car repair shop*
3. In unserer Stadt haben viele junge Familien Schwierigkeiten, ein Haus zu finden. ***(many young families / to have / to find)*** *difficulty finding a house*
4. Max schläft am Wochenende gerne im Bett seiner Schwester, aber unter der Woche schläft er in seinem eigenen Zimmer. ***(to sleep)*** *during the week*
5. Die Kinder mögen keinen Fisch, was ihr Vater **schade** findet. ***(not / to like / to think)*** *it's a pity*
6. Laura will heute nicht zum Klavierunterricht gehen, sie will **lieber** mit ihrer Freundin spielen. ***(not / to want)*** *rather*
7. Hunde müssen **gehorchen**! Unser Hund gehorcht generell nicht sehr gut. (to obey) ***(must / have to / to obey)***
8. Habt ihr Haustiere? ***(to have)***
9. Peter fragt sich, warum seine Mutter ihn nie anruft. ***(to ask himself / to call)***
10. Anne mag Fitnesstraining, ihre kleine **Dachgeschosswohnung** und die **Umgebung**. Aber ihre Nachbarn mag sie nicht. ***(to like / not, to like)*** *attic flat, surrounding area*

1-10/40 **LEISURE**

SIMPLE PRESENT

1. Anne and Robert live in an apartment building/multi-family building in Berlin. ***gilt generell / Anne and Robert = they; Artikel vor Vokal (a, e, i, o, u) wird zu an.***
2. My parents run a garage/car repair shop in the Black Forest. ***gilt generell / my parents = they; Black Forest: Eigenname groß schreiben.***
3. In our town, many young families have difficulty finding a house. ***gilt generell / town = normale Stadt, Großstadt = city; Achtung: Fehlerquelle much & many, hier zählbar = many.***
4. At the weekend Max likes to sleep in his sister's bed/in the bed of his sister, but during the week he always sleeps in his own room. ***wiederholt sich / Zeitangaben am Anfang oder Ende des Satzes; Max =3 Person Singualr he mit „s"; besitzanzeigend = 's his sister's bed; always steht vor dem Vollverb; auch wieder beachten: 3. Person Singular „s".***
5. The children don't like fish, which their father thinks is a pity. ***gilt generell / the children = they, Verneinung mit Hilfsverb do bilden = don't; their father = 3. Person Singular he auf das „s" achten.***
6. Today Laura doesn't want to go to the piano lesson. She rather wants to play with her friend. ***Zustandsverben stehen im SIMPLE PRESENT / Today an Satzanfang oder Satzende; Laura = 3. Person Singualar she, darauf achten: Verneinung mit does not bilden und positive Aussage mit „s".***
7. Dogs must/have to/need to obey! In general, our dog doesn't obey very well. ***gilt generell / dogs = they, must hat die Ersatzform have to und kann alternativ verwendet werden; our dog = 3. Person Singular it bei der Verneinung auf das Hilfsverb does not achten! Gut gehorchen ist ein Adverb; Wie gehorcht der Hund? Nicht sehr gut = not very well.***
8. Do you have (any) pets? Have you (got) (any) pets? ***generell / Option, da Frage mit have. Entweder mit Hilfsverb do am Satzanfang oder mit have (got); any = überhaupt irgendwelche.***
9. Peter asks himself, why his mother never calls (him).*generell / Peter = 3. Person Singular he; his mother = 3. Person Singular she – es ist eine Aussage, kein verneinter Satz! Ein verneinter Satz würde lauten: ... why his mother does not ever call him! Die Verneinung steckt hier im Wort never / him ist hier optional, auch ohne versteht man, dass er gemeint ist.*
10. Anne likes fitness training, her small attic flat and the surrounding area. But she doesn't like her neighbours. ***generell / Anne = 3. Person Singular she; Verneinung mit Hilfsverb does not.***

FILL IN THE GAPS

11-25/40 **LEISURE**
SIMPLE PRESENT

11. Many people __________ ***(to go)*** to church only once a year: at Christmas.
12. However, my grandma is one of the few people I know who __________ ***(to go)*** to church every Sunday.
13. __________ ***(your sister, to play)*** tennis in a team?
14. Where __________ ***(she, to play)*** tennis?
15. __________ ***(you, to have)*** a job near where you live?
16. My father __________ ***(not, to have)*** a job near our place, he always __________ ***(to need)*** to commute. *(pendeln)*
17. Susan usually __________ ***(to get)*** tickets for Phantasialand as a birthday present from her godmother. *(Patentante)*
18. My uncle __________ ***(to be)*** from Austria.
19. Where __________ ***(to be)*** your parents from?
20. My aunt __________ ***(not, to live)*** in a house, she __________ ***(to live)*** in a nice flat in Hamburg.
21. Where __________ ***(you, to want)*** to live when you move out?
22. Lilian __________ ***(to think)*** it __________ ***(to be)*** strange that her friend Paula __________ ***(not, to want)*** to go out with her anymore.
23. She usually __________ ***(to come)*** in the afternoons to chat with Lilian and she hardly ever __________ ***(to leave)*** before 8:00 pm. *(selten)*
24. My sister usually __________ ***(to spend)*** Christmas Eve with her parents-in-law and her husband at her place, they often __________ ***(to stay)*** overnight.
25. My best friend __________ ***(not, to have)*** a dog, but she __________ ***(to have)*** the intention to get a cat. *(Absicht)*

CHECK YOUR ANSWERS

11-25/40 **LEISURE**
SIMPLE PRESENT

11. Many people go to church only once a year: at Christmas. ***regelmäßig / many People = they go.***
12. However, my grandma is one of the few people I know who goes to church every Sunday. ***jede Woche / my grandma = she + "s".***
13. Does your sister play tennis in a team? ***generell / your sister = she does. Satzstellung: Does am Anfang, dann Subjekt (sie) dann Verb in Grundform.***
14. Where does she play tennis? ***generell / your sister = she, Frage mit does, Fragewort am Satzanfang, dann does, Subjekt, Vollverb.***
15. Do you have / Have you (got) a job near where you live? ***generell / Verb to have, optional: you-Frage mit do oder have you got.***
16. My father doesn't have/hasn't (got) a job near our place, he always needs to commute. ***generell / Verb to have, optional mit oder ohne Hilfsverb do, my father = he + "s", doesn't/hasn't, needs, always vor Vollverb.***
17. Susan usually gets tickets for Phantasialand as a birthday present from her godmother. ***immer / Susan = she + "s" gets, usually vor Vollverb.***
18. My uncle is from Austria. ***generell / to be, my uncle= he/is.***
19. Where are your parents from? ***generell / to be, your parents = they/are.***
20. My aunt doesn't live in a house. She lives in a nice flat in Hamburg. ***generell / my aunt = she, Verneinung mit do + "s" = doesn't, lives.***
21. Where do you to want to live when you move out? ***generell/ Frage mit do, Fragewort am Satzanfang, dann do.***
22. Lilian thinks it is strange that her friendPaula doesn't want to go out with her anymore. ***generell / Lilian = she + "s" thinks, to be = is, Verneinung mit doesn't make.***
23. She usually comes in the afternoons to chat with Lilian and she hardly ever leaves before 8:00 pm. ***gewöhnlich / she + "s" comes, leaves, usually + hardly ever vor Vollverb.***
24. My sister usually spends Christmas Eve with her parents-in-law and her husband at her place, they often stay overnight. ***gewöhnlich / my sister = she + "s" spends, they stay, usually + often vor Vollverb.***
25. My best friend doesn't have/hasn't (got) a dog, but she has the intention to get a cat. ***generell / to have: optional mit do, hier my best friend = she + "s", Verneinung doesn't/hasn't.***

ANSWER THE QUESTION

26-40/40 **LEISURE**
SIMPLE PRESENT

26. Do you need any help? No, ______________________

27. Does your sister play football? Yes, ______________________

28. Is there any milk left? No, ______________________

29. Have you (got) a brother? No, ______________________

30. Does your mother have any **siblings**? No, ______________ *(Geschwister)*

31. Are you happy with the results? Yes, ______________________

FIND & FIX THE MISTAKE

32. You have any sisters?

33. When comes the parcel?

34. Why she can't runs faster?

35. You go to the gym every week?

36. Do she have a brother?

37. Have she a new car?

38. Does she finds it easy?

39. When you meet your friends?

40. Why I must sign a new **contract**? *(Vertrag)*

CHECK YOUR ANSWERS

26-40/40 LEISURE
SIMPLE PRESENT

26. **Do you** need any help? No, I don't / do not.

    Auf Fragen so antworten, wie gefragt wurde, also das "*do you*" aufgreifen in der Kurzantwort. Ein einfaches „*no*" kommt eventuell als unhöflich an.

27. **Does your sister** play football? Yes, she does.

    Antworten, wie gefragt wurde – auf "*does she*". Wenn man das übt, ist es einfach, auf Fragen schnell zu reagieren. Eine tag-Antwort, dann Gewinnt man Zeit, sich Weiteres zu überlegen!

28. **Is there** any milk left? No, there isn't / there is not.

    Is there = gibt es, auch hier so antworten, wie gefragt wurde. Ob Sie*kurz* oder *lang* antworten, bleibt völlig Ihnen überlassen!

29. **Have you** (got) a brother? No, I haven't / have not. /

    Gleiches Prinzip – antworten, so wie gefragt wurde, Kurz- oder Lang- Antwort.

30. **Does your mother** have any siblings? No, she doesn't / does not. /

    Bei Kurzantwort – antworten darauf, wie gefragt wurde.

31. **Are you** happy with the results? Yes, I am. /

    Achtung: Hier verändert sich bei der Kurzantwort die Person!

32. **Do you** ~~You~~ have any sisters?

    Ein typischer Fehler: Sie formulieren eigentlich eine Aussage und betonen diese als Frage. Aber nicht vergessen: Fragen im SIMPLE PRESENT brauchen das Hilfsverb *do*.

33. When **does** ~~comes~~ the parcel **come**? /

    Auch hier wurde nicht das HIlfsverb *do* – hier mit der 3. Person Singular *das Paket = it* – verwendet!

34. Why **can't** she ~~can't runs~~ **run** faster? /
    Hier stimmt die Satzstellung nicht, bei der Frage beginnt der Satz nicht mit dem Subjekt! Und: *can* ist ein Modal- verb und auf Modalverben folgt immer ein Infinitiv!
35. **Do you** ~~You~~ go to the gym every week? /
    Hier wurde eine Aussage gebildet und als Frage betont, aber wir brauchen das Hilfsverb *do*!
36. **Does** ~~Do~~ she have a brother?
    Es ist die 3. Person Singular *she* und demnach wird mit *does* gefragt.
37. **Has** ~~Have~~ she **(got)** a new car? /
    Hier wurde eine Frage gestellt, aber nicht die 3. Person Singular beachtet – *has*.
38. Does she **find** ~~finds~~ it easy? / Vermeiden Sie vor lauter "ich muss an das \`s\` denken!", dass Sie den *doppelten Zwilling* verwenden! Nur *einmal \`s\`*!
39. When **do** you meet your friends? / Das Hilfsverb wurde vergessen!
40. Why **must** I ~~must~~ sign a new contract? / **Why do I have to sign**... / Beachten Sie die Satzstellung bei Fragen! Das Subjekt steht hinter dem Modalverb. Sie können auch statt must *have to* sagen, dann wird die Frage mit dem Hilfsverb *do* gestellt.

Persönliche Notizen

YOUR WORKOUT – YOUR TURN

BUSINESS
1-10/40 **BUSINESS** 1
SIMPLE PRESENT

SAY IN ENGLISH

1. Wir haben diese Woche eine Menge Aufgaben auf der Liste.
2. Haben die MitarbeiterInnen der **IT-Abteilung** Ihre Kontaktdaten? *(IT-department)*
3. Warum **erledigen** wir das nicht sofort? *(to do, settle, take care of, manage)*
4. Frau Meyer der Firmy XY ist **Ansprechpartnerin** für uns. *(contact, contact person)*
5. Wo bestellen Sie Ihre **Zubehörteile**? *(accessory parts, component parts)*
6. Wann versendet Ihre **Buchhalterin** für gewöhnlich die **Rechnungen**? *(accountant, invoices)*
7. Wer ist Ihr **Zulieferer** und wer sind Ihre **Abnehmer**? *(supplier, buyer, purchaser)*
8. Was glauben Sie, sind Ihre **Stärken** und **Schwächen**? *(strengths, weaknesses)*
9. Ich **halte** gerne **Smalltalk** mit den Kollegen, Sie etwa nicht? *(like to do/make small talk)*
10. Wo **bewahren** Sie die **Kundenunterlagen** auf? *(to keep, client records, customer records/files)*

CHECK YOUR ANSWERS

1-10/40 **BUSINESS**
SIMPLE PRESENT

1. This week we have (got) a lot of/many tasks/duties/jobs on the list. ***Zustandsverb / Positiver Satz mit to have.***

2. Do the employees / staff members of the IT department have your contact details/information? OR Have the employees... (got) your...? ***gilt generell / Frage im Simpe Present mit to have, daher optional mit Hilfsverb do oder ohne, employees / staff members hier: they, beachte Satzanfang: vorne steht Hilfsverb do bzw. das Verb have.***

3. Why don't we settle this (issue/topic) immediately? ***Eine verneinte Frage wird mit Why don't... gestellt, das Fragewort steht am Satzanfang.***

4. Ms Meyer from XY is our contact person. ***gilt generell / Verb to be, she = is, Wenn man nicht weiß, ob verheiratet (Mrs) Ms benutzen.***

5. Where do you order your component parts? ***gilt generell / Frage im Simple Present, you = mit Hilfsverb do, Fragewort steht am Satzanfang, noch vor dem Hilfsverb.***

6. When does your accountant usually send the invoices? ***gilt generell / Frage mit Hilfsverb, hier your accountant 3. Person Singular she, usually steht vor Vollverb, Fragewort noch vor dem Hilfsverb.***

7. Who is your supplier and who are your buyers? ***Frage mit to be nach your supplier = he/she is, nach your buyers = they are.***

8. What do you think are your strengths and weaknesses? ***gilt generell / Frage mit Fragewort do.***

9. I like to do / have small talk with colleagues. Don't you? ***gilt generell / Aussage im SIMPLE PRESENT mit Rückfrage (im Deutschen: nicht wahr, oder etwa nicht, im Englischen = question tags) / Dabei ist immer entgegengesetzt fragen, also hier gibt es eine Aussage. Das question tag ist eine Frage, wäre es eine Frage gewesen I don't like small talk, hätte das question tag so gelautet: do you?***

10. Where do you keep the customer records? ***gilt generell / Frage mit do.***

FILL IN THE GAPS

11-25/40 **BUSINESS** 1
SIMPLE PRESENT

11. You should know the routine, as we ____________ ***(to do)*** it every year.
12. This concept ________ ***(not, to work)*** here.
13. Where ____________________ ***(we, usually to get)*** the information from?
14. This __________________ ***(not, to sound)*** very promising to me! I ________________ ***(not, to want to decide)*** without consulting the manager.
15. __________________ ***(we, to have)*** actual numbers? Can youshow me **charts** please? *(Tabellen)*
16. We __________________ ***(not, to store)*** the files in this building.

    We ____________ ***(to keep)*** them somewhere around the corner.
17. Who ___________ ***(to be)*** the communication expert for this?
18. ________________ ***(you, to believe)*** in our company vision? If not, please ______________ ***(not, to get)*** involved.
19. I ______________ ***(not, to understand)*** the **official requirements**. __________ ***(to do)*** you? *(behördliche Auflagen)*
20. ______________ ***(anybody, to understand)*** the actual Corona **restrictions**? *(Auflagen)*
21. Let's recall, what ________________ ***(we, to need)*** for the presentation? Our laptops, **wires**, **chargers**, **sockets**, anything else? *(Kabel, Ladegeräte, Steckdosen)*
22. ______________ ***(anybody, to have)*** any questions?
23. We absolutely _______________ ***(to need)*** **even** numbers here! *(gerade Zahlen)*
24. You've quit your job? I _____________ ***(not, to get)*** it! Why? *(nicht verstehen)*
25. We ____________ ***(to work)*** hard, we ____________ ***(to reach)*** our goals and we ______________ ***(not, to fail)***. *(scheitern)*

CHECK YOUR ANSWERS

11-25/40 **BUSINESS**
SIMPLE PRESENT

11. You should know the routine, as we do it every year. ***regelmäßig / hier ist do das Vollverb!***
12. This concept doesn't work here. ***generell / this concept = 3. Person Singular It / Verneinung muss mit Hilfsverb does not gebildet werden.***
13. Where do we *usually* get the information from? ***generell / Frage mit do, Fragewort steht am Satzanfang, usually vor dem Vollverb.***
14. This doesn't sound very promising to me! I don't want to decide without consulting the manager. ***Zustandsverb / Verneinung mit do this = it, also doesn't.***
15. Do we have/ Have we (got) actual numbers? Can you show me charts please? ***generell / Frage mit Verb to have = Option mit HIlfsverb do oder ohne.***
16. We don't store the files in this building. We keep them somewhere around the corner. ***generell / Verneinung mit Hilfsverb do + not.***
17. Who is the communication expert for this? ***generell / Frage mit to be, kein Hilfsverb do notwendig!***
18. Do you believe in our company vision? If not, please don't get involved. ***generell / Frage mit Hilfsverb do, Verneinung mit do not.***
19. I don't understand the official requirements. Do you? ***generell / Verneinung mit do not, Rückfrage bezieht sich immer darauf, wie gefragt wurde, auf Negatives wird positiv zurückgefragt und vice versa.***
20. Does anybody understand the actual Corona restrictions? ***generell / Frage nach anybody (= 1 Person), mit Hilfsverb do + s = does.***
21. Let's recall, what do we need for the presentation? Our laptops, wires, chargers, sockets, anything else? ***generell / Frage mit do.***
22. Does anybody have / Has anybody (got) any questions? ***generell / Frage mit to have = Option mit Hilfsverb do oder ohne, hier 3. Person = + s, does/has.***
23. We absolutely need even numbers here! ***generell***
24. You've quit your job? I don't get it! Why? ***generell / Verneinung***
25. We work hard, we reach our goals and we don't fail! ***generell***

ANSWER THE QUESTION

26-40/40 **BUSINESS** 1
SIMPLE PRESENT

26. Do you work on Wednesdays? No, ______________________

27. Does your colleague **work from home (WFH)**? Yes, ______________________
(Homeoffice)

28. Can you do me a favour here? Yes, ______________________

29. Does our **head office** have an emergency programme? Yes, ______________________
(Zentrale)

30. Are there any questions? No, ______________________

31. Have you (got) the turnover figures? No, ______________________

FIND & FIX THE MISTAKE

32. There are new in the German market and mostly doesn't know about the company.

33. Do you can give me a apple juice?

34. She finds it not easy to translate all the documents.

35. When you are at the station?

36. You want meet us next week?

37. Does he knows everything important?

38. Why you not come and attend the meeting, too?

39. When does she goes to another company?

40. Can she makes some copies for me?

CHECK YOUR ANSWERS

26-40/40 **BUSINESS**
SIMPLE PRESENT

26. **Do you** work on Wednesdays? No, I don't. *Kurz-Antworten so wie gefragt wurde, ein einfaches No kommt eventuell unhöflich* an.
27. **Does your colleague** work from home (WFH)? Yes, she/he does. *Homeoffice Kurz-Antworten, wie gefragt wurde. Hier erkennt man nicht das Gender an der Frage. Es wird (erst) durch die Antwort klar! Ich Erwähne WFH so oft, da der Irrglaube herrscht, Homeoffice ist das Wort in England, aber Home Office ist das Innenministerium!*
28. **Can you** do me a favour here? Yes, I can. *Kurz-Antworten, wie gefragt wurde. Erinnert an den Wahlkampf- Spruch von Präsident Obama: Yes, we can!*
29. **Has our head office** an emergency programme? Yes, it has. *Kurz-Antworten, wie gefragt wurde.*
30. **Are there** any questions? No, there aren't. *Antworten wie gefragt wurde (are there = gibt es). Es ist die spontanste Art der Antwort.*
31. **Have you** (got) the turnover figures? No, I haven't. *Kurz-Antworten, wie gefragt wurde. Natürlich könnte die Antwort beispielsweise auch lauten: No, sorry I haven't had time yet!*
32. ~~There~~ **They** are new in the German market and **most people don't** ~~mostly doesn't~~ know about the company. *Häufig verwechselt:they & there; im 2. Teil des Satzes ist nicht klar, was gemeint war – so wird es deutlich.*
33. **Can** ~~Do~~ you ~~can~~ give me ~~a~~ **an** apple juice? *Vermeiden Sie den Fehler: Bei Modalverben (can) brauchen Sie kein Hilfsverb do! Der unbestimmte Artikel wird zu an wenn ein Vokal (a, e, i, o, u) folgt!*
34. She **does not find** ~~finds~~ it ~~not~~ easy to translate all the documents. *Vergessen Sie vor lauter "nicht das `s` vergessen nicht, dass es nur einmal vorkommt, hier beim Hilfsverb!*

35. When **are you** ~~you are~~ at the station? ***Es wurde eine Aussage gebildet, bei der Frage muss die Satzstellung anders sein, Subjekt hinter dem Verb!***

36. **Do you** ~~You~~ want **to** meet us next week? ***Hier wurde eine Aussage gebildet und als Frage betont, aber wir brauchen das Hilfsverb do. Etwas tun möchten = want to do something, wir brauchen auch die Präposition to nach want.***

37. Does he **know** ~~knows~~ everything important? ***Achtung: doppelter Zwilling!***

38. Why **don't** you ~~not~~ come and attend the meeting, too? ***Auch hier: eine (verneinte) Frage braucht das Hilfsverb do!***

39. When does she **go** ~~goes~~ to another company? ***Zweimal `s`!***

40. Can she **make** ~~makes~~ some copies for me? ***Hinter Modalverben (can) immer der INFINITIVE!***

Well done! You deserve a little break!

courtesy = Höflichkeit
Höflichkeit spielt in England eine wichtige Rolle. Die kleinen Wörter ***please & thank you*** werden Sie häufig hören. Jemanden vorbeilassen, Platz machen, geduldig in einer Schlange warten (***queuing***), das sind alles sehr britische Eigenschaften, die ich persönlich, bei jedem Besuch aufs Neue, als sehr angenehm empfinde!

Before you *go on* = weitermachen, take a deep breath!

Bonus-Material zum Buch

Liebe*r Leser*in,

bei unseren Büchern richten wir den Fokus stets auf die unmittelbare Anwendbarkeit des vermittelten Wissens in der Praxis. Mit diesem Ziel entstand in den vergangenen Jahren – basierend auf dem breiten Erfahrungsschatz der Autorin Birgit Kasimirski – ein einzigartiger Newsletter mit hilfreichen Übungen, Zusatzmaterialien und wertvollen Inhalten zum Thema „Englische Grammatik richtig anwenden".

Tragen Sie sich ein und erhalten Sie kostenlose Zusatzmaterialien und -Informationen und auch rechtzeitig Hinweise zu exklusiven Angeboten und Geschenkaktionen! Wir wünschen schonmal viel Erfolg!

Link zum kostenfreien Material:
https://www.klhe.de/sprache/newsletter-englische-grammatik/

2 PRESENT CONTINUOUS BIG 5

PRESENT CONTINUOUS ist neben SIMPLE PRESENT eine weitere Zeit der Gegenwart. Sie drückt aus, was *gerade im Moment* (des Sprechens) passiert. Verglichen mit der deutschen Sprache wäre das „Ich bin jetzt am Tun, am Machen". Diese Zeit ist für die meisten leicht umzusetzen.

Wichtig zu wissen ist, dass CONTINUOUS in der englischen Sprache immer bedeutet, dass sich etwas über einen Zeitraum, eine Zeitspanne ereignet, wie bereits im Kapitel zur grundsätzlichen Grammatik erläutert. Neben Tätigkeiten, die wir just im Moment ausüben, I **am planting** flowers, können das auch Dinge sein, die über einen mehr oder weniger langen Zeitraum hinweg geschehen (medium- / long-term-trends) The book **I'm reading** is brilliant. Our climate **is changing**. Wir benutzen PRESENT CONTINUOUS auch, um Abbildungen oder Fotos zu beschreiben, denn wir sehen, was auf der Abbildung *gerade im Moment passiert*.

Zu beachten ist, dass es sogenannte *Zustandsverben, auch statische Verben genannt,* gibt, die keine Tätigkeit ausdrücken, sondern einen Zustand, der sich nicht ohne weiteres verändern lässt. Das bezieht sich also auf Verben, die *keine Dynamik* haben, also aktiv weder beginnen, noch enden: I **feel** happy. Diese Verben stehen im SIMPLE PRESENT.

QUICK READER

alles, was gerade im Moment passiert

I **am working** at the desk, I **am reading** a book, my family **is talking** to friends, we are **driving** to Paris, I **am writing** an email, she **is eating** now

Alles, was über einen mehr oder weniger langen Zeitraum passiert (mid-/ long-term trends): Global temperature **is rising**. The Corona virus **is** still **spreading**.

Mit PRESENT CONTINUOUS kann auch die ZUKUNFT ausgedrückt werden, beispielsweise wenn mit einer anderen Person/Partei feste Absprachen getroffen wurden, z.B.: I **am flying** to London this Friday.

Mehr dazu in Kap. 5 "FUTURE"

Wo liegt der Unterschied zu PROGRESSIVE? Es gibt keinen! CONTINUOUS = PROGRESSIVE. Dieser Begriff wird alternativ verwendet. Ich benutze in diesem Buch durchweg CONTINUOUS, wenn ich auf –ing-Formen verweise.

Mit CONTINUOUS kann ich immer etwas besonders betonen: Can you **smell** this? Vergleiche: This **is smelling** really good!

Zustandsverben sind Verben, die in der Regel nicht aktiv als *eine Tätigkeit* begonnen und beendet werden: I **agree** with you, she **is** very happy now, we **like** the meal, I **imagine**...

- Häufige Zustandsverben: to agree, to be, to belive, to belong, to care, to consist, to contain, to depend, to fear, to hate, to impress, to imagine, to know, to like, to love, to matter, to mean, to need, to own, to possess, to prefer, to promise, to reach, to realise, to recognize, to remember, to see, to seem, to smell, to suppose, to taste, to think, to understand

THE ESSENTIALS

PRESENT CONTINUOUS wird gebildet aus einer Form von **to be und** einem Vollverb + -ing

He **is** living, I **am** watching, they **are** sleeping...

- Immer zusammen mit einer Form von ***to be: am / is / are (HE/SHE/IT „s“ = is)***
- An das Verb wird die Endung ***–ing*** gehängt, manchmal Schreibweisen beachten:
- ***to sit = sitting*** (Verdopplung Konsonant), ***to shape = shaping*** (e fällt weg)
- Bei Verneinungen wird “not” eingefügt: *I am* **not**, ***he is not, they are*** **not**, Kurzformen/Contractions: ***isn’t, aren’t***
- Bei Fragen ändert sich die Satzstellung; die Form von **to be** kommt an den
- Satzanfang: ***Are you watching...? Is she driving...?***
- Nicht alle Verben werden als CONTINUOUS ausgedrückt (Zustandsverben)
- Wird auch als Zeit für Zukunft verwendet: wenn abgesprochen ist, dass es passiert und bereits Vorkehrungen getroffen wurden (Kap. 5, FUTURE)
- **Signalwörter:** ***now, at the moment, currently***

COMMON MISTAKES

- Form von ***to be (am, is, are)*** wird vergessen
- Bei Fragen wird Satzumstellung nicht beachtet: ***„Am/Is/Are“*** an den Satzanfang!
- Abgrenzung zu Zustandsverben ist nicht bekannt
- Es ist nicht bewusst, dass PRESENT CONTINUOUS auch für Zukunft verwendet wird

THIS IS HOW IT WORKS

 Aussage

I	**am reading** a book.
You	**are peeling** an apple.
He She It	**is watching** a film. **is doing** the laundry. **is lying** in its basket.
We	**are talking** on the phone.
You	**are driving** home.
They	**are cutting** the tree.

Verneinung = not

am not reading a book.
are not peeling an apple.
is not watching a film. **isn't doing** the laundry. **is not lying** in its basket (the cat)
aren't talking on the phone.
are not driving home.
are not cutting the tree.

 Frage: Satzanfang !

Am	I	**reading** a book?
Are	you	**peeling** an apple?
Is **Is** **Is**	he she it	**watching** a film? **doing** the laundry? **lying** in its basket?
Are	we	**talking** on the phone?
Are	you	**driving** home?
Are	they	**cutting** the tree?

 (Kurz-)Antwort (ohne Verb im Verlauf!)

Yes,	I **am.**
No,	you **aren't**.
Yes, No, No,	he **is**. she **is not**. it **isn't**.
Yes,	we **are**.
No,	I'm **not**.
Yes,	they **are**.

□ ***common:*** häufig, verbreitet, üblich, ***to peel:*** schälen, ***to do the laundry:*** die Wäsche machen, ***peculiar:*** seltsam, besonders

PECULIARITIES

Das Konzept des CONTINUOUS im Englischen weist immer auf einen Zeitraum, eine Zeitspanne hin. Dieses wird uns auch bei anderen Zeiten begegnen, so z.B. PRESENT PERFECT CONTINUOUS (Kap. 4), PAST CONTINUOUS und PAST PERFECT CONTINUOUS (Kap. 6) ... Auch wichtig zu wissen: Mit dem CONTINUOUS können wir den Zustand des Genervt-Seins ausdrücken. *She is always leaving her clothes on the bathroom floor! (How annoying!)*

GOOD TO KNOW

to think kann sowohl Zustands- als auch Tätigkeitsverb sein, es ändert dabei die Bedeutung:

Zustandsverb = I think glaube; Tätigkeitsverb = ***I am thinking about*** über etwas nachdenken.

Die Form von ***to be*** wird in der gesprochenen Sprache manchmal *beinahe verschluckt* (durch schnelle Aussprache), aber sie ist da und wird unbedingt gebraucht: ***I'm listening, they're watching, he's playing.***

 Have a break! Time for a cup of tea or coffee...

BEFORE YOU START THE WORKOUT

LET'S RECALL: PRESENT CONTINUOUS

- Ausdrücken, was gerade im Moment passiert.
- **Signalwörter** u.a. ***now, at the moment, currently, "Look! ..."***
- Bildung immer mit einer Form von ***to be + -ing***
- Bei Fragen: Die Satzstellung verändert sich.
- Auch eine Form der Zukunft, wenn schon Vorkehrungen getroffen sind
- Zustandsverben stehen nicht im Verlauf.
- Mit CONTINUOUS lässt sich etwas besonders betonen.

Warm-up: stretching = get ready!

YOUR WORKOUT – YOUR TURN

LEISURE

1-10/40 **LEISURE** 2

PRESENT CONTINUOUS

SAY IN ENGLISH

1. Schau mal, die Kinder spielen alle zusammen Fussball!
   to play football together

2. Jetzt hört es sich an, als würden sie streiten.
   to sound as if / to quarrel

3. Was meine Eltern gerade tun? Sie spielen Karten mit Freunden.
   to do at the moment / to play cards

4. Psst. Max schläft und ich will ihn nicht aufwecken.
   to sleep / not to want to wake him up

5. Ich verstehe nicht, wie Tom sich fühlt.
   not to understand / to feel

6. Henry, ich hoffe, du machst gerade deine Hausaufgaben?!
   to hope / to do homework

7. Guck mal, auf dem Foto hier spielt er Hockey mit seiner Mannschaft.
   on this picture / to play hockey with his team

8. Glaubst du wirklich, dass wir etwas verbergen?
   to believe / to hide

9. Sie machen solch einen Lärm!
   to make such a noise

10. Mutter: Was macht ihr gerade? Tochter: Wir amüsieren uns!
    to do / to have a good time

CHECK YOUR ANSWERS

1-10/40 **LEISURE**
PRESENT CONTINUOUS

1. Look, the children are all playing football together.
   gerade imMoment / Jemand beobachtet, was die Kinder gerade tun.
2. Now it sounds as if they are quarrelling.
   Zustandsverb + Tätigkeit / to sound = Zustandsverb steht im SIMPLE PRESENT 3. Person Singular mit `s`, Streiten ist eine Tätigkeit (as if = als ob).
3. What are my parents doing now? They are playing cards with friends. ***gerade im Moment / Bei der Frage auf die Satzstellung beachten, beide Verben stehen hier im Verlauf; es wird gefragt, was sie gerade im Moment tun.***
4. Psst. Max is sleeping and I don't want to wake him up. ***Tätigkeit + Zustandsverb / Der Junge schläft ist die Tätigkeit, to want (wollen) ist ein Zustandsverb und steht im SIMPLE PAST, durch die Verneinung brauchen wir das Hilfsverb do not.***
5. I don't understand how Tom feels / is feeling. ***Zustandsverb + Zustandsverb evtl. betont / Beide Verben sind Zustandsverben, aber ist es auch denkbar, dass wir to feel in der Verlaufsform benutzen, damit betonen wir, dass in Tom starke Gefühle vorgehen.***
6. Henry, I hope you are doing your homework?! ***Zustandsverb + Tätigkeit / hoffen = Zustandsverb, das Erledigen der Hausaufgaben ist die Tätigkeit.***
7. Look, on this picture he is playing hockey with his team. ***was dargestellt wird / Wir können auf dem Bild sehen, welche Tätigkeit ausgeübt wird.***
8. Do you really believe (that) we are hiding something? ***Zustandsverb + Tätigkeit / glauben ist nichts, was anfängt und aufhört, das Verstecken dagegen schon.***
9. They are making such a noise! ***gerade im Moment / Hier beschwert sich jemand über den Lärm, der von anderen gemacht wird, Genervtheit wird ebenfalls als Continuous ausgedrückt. Denkbar ist daher auch, jemand beschwert sich darüber, dass andere immer Lärm machen.***
10. Mother: What are you doing? Daughter: We have/ are having a good time. ***gerade im Moment + Zustandsverb / Satzstellung bei der Frage beachten. to have a good time kann als Zustandsverb verwendet werden, aber es ist auch denkbar als Continuous - so betont die Tochter, dass sie sich amüsieren!***

FILL IN THE GAPS

11-25/40 **LEISURE** 2
PRESENT CONTINUOUS

11. Look! Sarah ____________ *(to sit)* at the hairdresser's, she ____________ *(to get)* a new haircut.
12. Listen how wonderfully Max ____________ *(to play)* the piano.
13. Most people ____________ *(to stay)* at home these days because of the Corona virus.
14. ______________________ *(your sister, to study)* for her exams?
15. You need to be quiet now, as your brother ____________ *(to have)* a telephone conference with his class.
16. Brad ______________ *(not, to look)* very happy right now.
17. Grandma, who ________________ *(to love)* the most now?
18. On the news today, ________________ *(they, to talk)* about the Corona crisis again.
19. Our neighbour ________________ *(to cut)* the hedge and he ______________ *(to leave)* a lot of greenery on our property.
20. Careful, the dog is wet and ____________ (to have) a lot of **mud** in its **fur**. *(Dreck, Fell)*

ANSWER THE QUESTION

21. What a smell! Is Sandra cooking?	Yes, ____________________
22. Is Dad cleaning the car?	No, ____________________
23. Are you thinking of buying a new car?	No,____________________
24. Is Mom talking on the phone?	No, ____________________
25. Are you enjoying yourselves?	Yes, ____________________

"it's a piece of cake" ... **....„das ist sehr einfach"**

"better late than never" ... **... „besser spät als nie"**

CHECK YOUR ANSWERS

11-25/40 **LEISURE**
PRESENT CONTINUOUS

11. Look! Sarah is sitting at the hairdresser's, she is getting a new haircut. *Tätigkeiten im Moment / !!Schreibweisen!!, Konsonanten verdoppeln sich.*
12. Listen how wonderfully Max is playing the piano. *Tätigkeit jetzt gerade*
13. Most people are staying at home these days because of the Corona virus. *Langzeit-Trend / Hier ist ein längerer Zeitraum gemeint.*
14. Is your sister studying for her exams? *Tätigkeit gerade / !!Satzstellung!!*
15. You need to be quiet now, as your brother has/ is having a telephone conference with his class. *Zustandsverb / Betonung ist hier gut möglich.*
16. Brad doesn't look / is not looking very happy right now. *Zustandsverb / Sein Aussehen kann Brad nicht starten und beenden, jedoch kann das Continuous darauf hinweisen = betonen, wie unglücklich er aussieht!*
17. Grandma, who do you love the most now? *Zustandsverb / lieben ist ein Zustand, nichts, das wir anfangen und beenden, die Frage steht daher im SIMPLE PRESENT.*
18. (Annoyed): On the news today, they are talking about the Corona crisis again. *Tätigkeit über den ganzen Tag + Genervtheit / Das Sprechen über die Krise dauert den ganzen Tag über an (Zeitraum).*
19. Our neighbour is cutting the hedge and he is leaving a lot of greenery on our property. *Tätigkeiten*
20. Careful, the dog is wet and has a lot of mud in its fur. *Zustandsverb / the dog ist im Englischen it, jedoch ordnen wir (als BesitzerInnen) in der Regel das Gender zu: he-dog oder she-dog. She is a nice dog.*
21. What a smell! **Is** Sandra **cooking**? Yes, she is. *Tätigkeit im Moment / So zu antworten, wie Sie gefragt werden, ist eine einfache Art der Reaktion (short answer). Natürlich ist das nicht absolut, denn jeder spricht auf seine eigene Weise, aber die Art des Fragens in der Antwort aufzugreifen, erleichtert spontanes Antworten. Interessant ist, dass wir nur das Hilfsverb aufgreifen (hier is) und cooking weglassen!*
22. **Is** Dad **cleaning** the car? No, he isn't. *Tätigkeit im Moment /Wenn keine Contraction/Kurzantwort benutzt wird: He is not.*
23. **Are** you **thinking** of buying a new car? No? No, I am not. *Betonung / Zustandsverb to think. Die Frage könnte auch lauten: Do you think of... Das Continuous betont hier jedoch die Überlegungen, die angestellt werden – oder auch nicht...*
24. **Is** Mom **talking** on the phone? No, she isn't. *Tätigkeit jetzt gerade*
25. **Are** you **enjoying** yourselves? Yes, we are. *Tätigkeit jetzt gerade / Es kann auch als Zustandsverb verwendet werden; hier wird das sich Amüsieren betont.*

FIND & FIX THE MISTAKE

26-40/40 **LEISURE** 2
PRESENT CONTINUOUS

26. I looking forward to our call on Friday at 14 o'clock.
27. You are having a good time when you are here in Cologne?
28. I am needing the files very urgent.
29. I think he is hating the guy from next door's office.
30. They are wanting to stay until next Wednesday.
31. What are they making at the moment?
32. I'm thinking it would be a good idea to meet soon.
33. She's usually going to work by car.
34. We are living in a small village near Cologne.
35. You wanting to have another cup of coffee?
36. Are you believing what they are saying on the news?
37. Please don't make such a noise. I work.
38. Listen, I want to know what they talk about.
39. I am often going to the gym after work.
40. Increasing the numbers of ill staff now?

"the devil is in the detail" ... ... „der Teufel steckt im Detail"

"to play it by ear" ... ... „spontan entscheiden"

CHECK YOUR ANSWERS

26-40/40 **LEISURE**
PRESENT CONTINUOUS

26. I **am** looking forward to our call on Friday at 14 **hours** / **2 pm** ~~o'clock~~. *Typischer Fehler: Die Form von to be wird vergessen, hier am. Die Uhrzeit wird nur von 1-12 mit o'clock geschrieben, von 14-24 verwendet man hours. Auch möglich: am oder pm.*
27. **Are you** ~~You are~~ having a good time **whilst** ~~when~~ you are here in Cologne? *Vermeiden Sie den typischen Fehler – bei Fragen verändert sich die Satzstellung! Eine Frage fängt nie mit dem Subjekt an!*
28. I **need** ~~am needing~~ the files very **urgently** ~~urgent~~. *to need = Zustandsverb steht nicht im Verlauf. urgent wird hier zum Adverb und braucht die Endung -ly (wie brauche ich es? dringend)!*
29. I think he **hates** ~~is hating~~ the guy from next door's office. *to think, to hate = Zustandsverben steht nicht im Verlauf.*
30. They **want** ~~are wanting~~ to stay until next Wednesday. *to want = Zustandsverb steht nicht im Verlauf.*
31. What are they **doing** ~~making~~ at the moment? *do & make werden häufig verwechselt. Es doing verwenden (muss!)*
32. **I think** ~~I'm thinking~~ it would be a good idea to meet soon. *to think = Zustandsverb steht nicht im Verlauf.*
33. **She** ~~She's~~ usually **goes** ~~going~~ to work by car. *usually ist ein Signalwort für SIMPLE PRESENT. Sie fährt generell mit dem Auto, nicht im Moment.*
34. We **live** ~~are living~~ in a small village near Cologne. *Die Aussage ist, dass wir generell/immer dort wohnen, daher hier SIMPLE PRESENT!*
35. **Do you want / would you like** ~~You wanting~~ to have another cup of coffee? *Hier wird eine Aussage formuliert und als Frage betont – aber wir brauchen das Hilfsverb do; bei Angeboten verwenden wir häufiger das höfliche would you like.*
36. **Do** ~~Are~~ you **believe** ~~believing~~ what they are saying on the news? *to believe = Zustandsverb steht nicht im Verlauf.*
37. Please don't make such a noise. I **am working** ~~work~~. *Hier muss CONTINUOUS stehen, damit die Tätigkeit im Moment ausgedrückt wird!*
38. Listen, I want to know what they **are talking** ~~talk~~ about. *Hier muss CONTINUOUS stehen, damit die Tätigkeit im Moment ausgedrückt wird!*
39. I ~~am~~ often **go** ~~going~~ to the gym after work. *often ist ein Signalwort für SIMPLE PRESENT: ich tue etwas oft, nicht im Moment.*
40. **Are** ~~Increasing~~ the numbers of ill staff **increasing** now? *Hier wurde die Satzstellung nicht beachtet und versucht, über die quasi-deutschens Struktur mit der Betonung als Frage „durchzukommen".*

YOUR WORKOUT – YOUR TURN

BUSINESS
1-10/40 **BUSINESS** 2
PRESENT CONTINUOUS

SAY IN ENGLISH

1. Sehen Sie mal, Sie verlieren hier Öl!

2. Es hört sich an, als würden alle KollegInnen gerade telefonieren.

3. Herr Bauer spricht gerade auf der anderen Leitung.

4. Ich kann jetzt nicht stören, die KollegInnen diskutieren das Budget.

5. Ich habe alles vorbereitet und sende Ihnen die Unterlagen jetzt.

6. Ich hoffe, Sie arbeiten an dem Dokument, ich brauche es **so schnell wie möglich.** *(as soon as possible)*

7. Genervt: Das sagen Sie immer!

8. Was sagen Sie, Sie einigen sich gerade?

9. Die Mannschaft aus der **Zentrale** verspricht, dass sie unser Problem verstehen. *(headquaters)*

10. Hören Sie, ich sage nicht, dass es nicht geht!

CHECK YOUR ANSWERS

1-10/40 **BUSINESS**
PRESENT CONTINUOUS

1. Look, you are losing oil here. ***Tätigkeit jetzt gerade***

2. It sounds as if the colleagues are talking on the phone (at the moment). ***Zustandsverb + Tätigkeit jetzt gerade / Interessant für Lernende ist hier: Das gerade muss nicht übersetzt werden, denn das drückt Continuous are talking aus! als ob = as if.***

3. Mr. Bauer is speaking on the other line. ***Tätigkeit jetzt gerade / Das gerade kann, muss nicht übersetzt werden, denn das drückt das –ing bereits aus.***

4. I can't disturb/interrupt now, as the colleagues are discussing the budget. ***Tätigkeit jetzt gerade***

5. I've prepared everything and I am sending the files/documents now. ***Tätigkeit / Ich habe alles zurechtgelegt und schicke es jetzt ab. / Es ist eine Absprache der Zukunft.***

6. I hope you are working on the document, as I need it as soon as possible. ***Zustandsverb + Tätigkeit jetzt gerade / to hope + to need = Zustandsverben, stehen nicht im Verlauf.***

7. (annoyed voice): You are always saying that! ***Genervtheit ausdrücken / always steht vor dem Vollverb.***

8. What are you saying, they have just agreed? ***Present Perfect, gerade eben passiert. gerade wird hier durch just ausgedrückt.***

9. The team from the headquarters promise that they understand our problem. ***Zustandsverben / Das Versprechen und Verstehen haben keinen Anfangs- und Endzeitpunkte, so wie Tätigkeiten, daher hier SIMPLE PRESENT. Team verwende ich hier als collective noun, es besteht aus mehreren Personen und diese sind gemeint.***

10. Listen, I am not saying that it isn't possible. ***Tätigkeit im Moment / Betonung des Gesagten.***

FILL IN THE GAPS

11-25/40 **BUSINESS** 2
PRESENT CONTINUOUS

11. Listen, Bob __________ *(to start)* his presentation, I can tell he __________ *(to get)* ready.

12. Look, a police car __________ *(to turn)* onto the car park. Does anyone know why? *(hinauf)*

13. Most people __________ *(to work)* from home these days Homeoffice: because of the Corona virus. *(work from home = homeoffice)*

14. ______________________ *(your assistant, to prepare)* the documents ______________ *(I, to wait)* for?

15. You need to be quiet now please, because the board of directors __________ *(to start)* a telephone conference call with London now next door!

16. Brad, what's the matter? ______________ *(you, not, to look)* very well right now.

17. _________________ *(the supplier, to have problems)* still?

18. *(Annoyed:)* Oh! Come on Linda, _________________ *(you, to leave)*, always the files out of the drawer. Please put them back!

19. It's Sandy, who ________________ *(to speak)* to the staff now about the new working hours.

20. I would like you to notice that _________________ *(we, currently, to change)* our sales procedures.

ANSWER THE QUESTION

21. Is Sarah working today? Yes, ______________

22. Are you speaking on the other line? No, ______________

23. Am I talking to the managing director? No, ______________

24. Who is **keeping an eye** on the chart right now? ______________ *(im Auge behalten)*

25. Are we still doing business with this supplier? Yes, ______________

CHECK YOUR ANSWERS

11. Listen, Bob is starting his presentation, I can tell he is getting ready. *Tätigkeiten jetzt gerade*
12. Look, a police car is turning onto the car park. Does anyone know why? *Tätigkeit jetzt gerade / to know ist ein Zustandsverb.*
13. Most people are working from home these days because of the Corona virus. *Tätigkeit über längeren Zeitraum / long-term trend.*
14. Is your assistant preparing the documents I am waiting for? *Tätigkeiten jetzt gerade / Frage beachte Satzstellung.*
15. You need to be quiet now please, because the board of directors are starting a telephone conference call with London now next door! *Tätigkeit jetzt gerade/ to need = Zustandsverb.*
16. Brad, what's the matter? You are not looking very well right now. *Betonung jetzt gerade / Da es hier um das augenblickliche Befinden geht, ist Continuous eine durchaus denkbare Option, auch möglich: don't look.*
17. **Is** the supplier still **having** problems? / long-term-trend *Das Continuous drückt aus, dass der Zulieferer mit Schwierigkeiten zu kämpfen hat – über einen Zeitraum.*
18. *(Annoyed:)* Oh! Come on Linda, you are *always* leaving the files out of the drawer. Please put them back! *Genervtheit / das always steht vor dem Vollverb.*
19. It's Sandy, who is speaking to the staff now about the new working hours. *Tätigkeit jetzt gerade*
20. I would like you to notice that we are currently changing our sales procedures. *Tätigkeit über Zeitraum / Die Änderungen werden über eine Zeitspanne gerade vorgenommen.*
21. **Is** Sarah **working** today? Yes, she is. *Tätigkeit im Moment / (short answer,) Kurzantwort in der Regel so, wie gefragt wurde. Is she... Dieses "Aufgreifen" der Frage ist vor allem für Anfänger hilfreich, um spontan zu reagieren. Natürlich ist das keine absolute Antwort, denn so wie Menschen sprechen, ist sehr individuell.*
22. **Are** you **speaking** on the other line? No, I'm not. *Tätigkeit im Moment / Kurzantwort mit Verneinung.*
23. **Am** I **talking** to the managing director? No, you're not. *Tätigkeit jetzt gerade / Hier bei der Kurzantwort Wechsel der Person beachten: Am I... der Angesprochene antwortet mit you are.*
24. **Who is keeping** an eye on the chart right now? It's Paul. *Tätigkeit jetzt gerade / Frage mit Fragewort = offene Frage erfordert eine Information.*
25. **Are** we still **doing** business with this supplier? Yes, we are. *Zeitraum / Wir machen über einen Zeitraum (long-term) mit diesem Zulieferer Geschäfte.*

FIND & FIX THE MISTAKE

26-40/40 **BUSINESS** 2
PRESENT CONTINUOUS

26. Can I have your attention please? The speaker talks now.
27. We are usually going to the pub, so please join us!
28. You know, the sales figures currently increase.
29. She is getting a feeling for the team now?
30. We are wanting to know everything about the project.
31. We all look forward to meeting you next week.
32. They are making it all wrong, I can tell.
33. Can we getting a better picture please?
34. The line is often engaging.
35. You get used to our way of working? *(sich gewöhnen an)*
36. I am thinking we are wanting to have a break here.
37. Can't you see I write an email. Please wait!
38. How are the prices doing?
39. They making big progress at the moment.
40. They hiring many people right now. *(einstellen)*

"get out of hand" ... ... „außer Kontrolle geraten"

"make a long story short" ... ... „kurz gesagt"

CHECK YOUR ANSWERS

26-40/40 **BUSINESS**
PRESENT CONTINUOUS

26. Can I have your attention please? The speaker **is talking** ~~talks~~ now. *Um auszudrücken, dass er jetzt spricht, verwenden Sie das CONTINUOUS!*
27. We ~~are~~ usually **go** ~~going~~ to the pub, so please join us!
usually = Signalwort für SIMPLE PRESENT!
28. You know, the sales figures **are** currently **increasing** ~~increase~~. *Hiermit wird ein Langzeit-Trend ausgedrückt, sie steigen über einen Zeitraum hinweg.*
29. **Is she** ~~She is~~ getting a feeling for the team now? *Vermeiden Sie den Fehler, Fragen mit der falschen Satzstellung (Subjekt vorne, als Satz betonen) zu bilden! Drehen Sie es um: she is – is she...!*
30. We **want** ~~are wanting~~ to know everything about the project.
to want = Zustandsverb steht nicht im Verlauf.
31. We **are** all **looking** ~~look~~ forward to meeting you next week.
Eine feststehende Floskel: We are looking forward to doing...!
32. They are **doing** ~~making~~ it all wrong, I can tell. *do & make werden oft verwechselt, hier muss es to <u>do</u> something wrong/right heißen.*
33. Can we **get** ~~getting~~ a better picture please?
Hinter MODALVERB can: INFINITIVE.
34. The line is often **engaged** ~~engaging~~. *Dieser Satz steht im PASSIVE! Daher muss besetzt das Partizip (3. Form Verb) verwendet werden! Aktiv würde to engage bedeuten: sich einsetzen (für).*
35. **Are you getting** ~~You get~~ used to our way of working? *Hier wurde eine Aussage formuliert. Hier passt Continuous gut, denn es wird gefragt, ob sich jemand gerade eingewöhnt.*
36. I **think** ~~am thinking~~ we **want** ~~are wanting~~ to have a break here. *to think = hier eher Zustandsverb, to want = Zustandsverb, steht nicht im Verlauf.*
37. Can't you see I **am writing** ~~write~~ an email. Please wait!
Hier drückt CONTINUOUS aus, was gerade getan wird!
38. What are the prices **doing** ~~making~~? *do & make verwechselt.*
39. They **are** making big progress at the moment. *Die Form von to be wurde vergessen. Fakt ist, dass sie nicht immer gut „herauszuhören" ist (, wenn Contractions verwendet werden): They're making big progress... Aber das are wird gebraucht!!*
40. They **are** hiring many people right now. *Form von "to be" wurde vergessen. Sie ist nicht immer gut „herauszuhören" ist (wenn Contractions verwendet werden): They're hiring many people... Aber das are wird gebraucht!*

Well done! You deserve a little break!

easily confused = leicht verwechselt.
Diese Wörter werden leicht und immer wieder verwechselt, sie werden auch ***False Friends*** genannt:
to become – ~~bekommen,~~ sondern: werden; bekommen = ***to get;***
Chef, Boss – ~~chef;~~ ***chef*** = Küchenchef, Koch;
will – ~~wollen;~~ ***to want*** = wollen.

Before you *go on* =weitermachen, take a deep breath!

3 SIMPLE PAST BIG 5

SIMPLE PAST drückt eine VERGANGENHEIT aus: Alles, was *vorbei und abgeschlossen* ist. Die Herausforderung dieser Zeit liegt in der Abgrenzung zum PRESENT PERFECT (**Kap.** 4). In der deutschen Sprache haben wir keine solche Unterscheidung: *abgeschlossen - nicht abgeschlossen.* In der englischen Sprache dagegen ist das wichtig.

Mit SIMPLE PAST erzählen, berichten oder fragen wir, was jemand zu einem Zeitpunkt getan oder erlebt hat, der **vorüber** ist. Wichtig ist, dass in der Regel immer ein Zeitpunkt genannt wird, z.B. *last week, a year ago, when I was young (Signalwörter).* Damit ist klar: Der Zeitpunkt ist vorbei. Ich benutze gerne ein Bild von einem Vorhang – das Geschehene liegt hinter dem Vorhang; es ist, wie eine Theatervorstellung, zu Ende.

QUICK READER

alles, was vorbei, abgeschlossen ist

I **worked** yesterday, I **read** a book last night, my family **talked** to our friends last week, we **drove** to Paris last summer, I **wrote** the email an hour ago, she **ate** lunch earlier

Alle Verben haben einen Verbstamm = INFINITIVE (dieser wird mit dem Wörtchen to gekennzeichnet, z.B. to live, to go etc.) + zwei weitere Formen.

Unregelmäßige VERBEN (Formen muss man lernen):

Infinitiv	**2. Form**	**3. Form**
to go	**went**	**gone**
to feel	**felt**	**felt**
to see	**saw**	**seen**

- *irregular verbs, regular verbs:* unregelmäßige und regelmäßige Verben der englischen Grammatik

Regelmäßige Verben erhalten in der 2. und 3. Form die Endung ***–ed:***

Infinitiv	**2. Form**	**3. Form**
to rain	rain**ed**	rain**ed**
to laugh	laugh**ed**	laugh**ed**
to play	play**ed**	play**ed**

Beispielsatz	**Zeitpunkt**
I went home at 8 pm.	- gestern...
I felt sick.	- ist jetzt vorbei...
I saw you.	- Zeitpunkt in der Vergangenheit...
It rained.	- jetzt nicht mehr
They laughed at me.	- heute morgen in der Schule...
We played football.	- letzte Woche...

THE ESSENTIALS

SIMPLE PAST wird gebildet mit der 2. Form der Verben; es gibt regelmäßige und unregelmäßige Verben. Die Verneinung und Frage muss – wie im SIMPLE PRESENT (Kap. 1) – mit dem Hilfsverb ***do*** gebildet werden. Dieses wird hier in der 2. Form = ***did*** verwendet! Das Vollverb steht dann – wie im SIMPLE PRESENT – in der Grundform / im INFINITIVE!

- Immer die 2. Form des Verbs verwenden, beachte unregelmäßige Verben
- Formen der unregelmäßigen Verben muss man lernen, regelmäßige + -**ed**
- bei Verneinungen wird ***did + not*** benötigt (2. Form von do), Kurzform ***didn't***
- Das Vollverb steht dann in der Grundform
- bei Fragen wird ***did*** benötigt, das Vollverb kommt in die Grundform, wie immer
- bei Fragen: Satzstellung beachten, ***did*** am Satzanfang: ***Did you see the film last night?***
- Wie im SIMPLE PRESENT kommt das Verb ***to be*** **ohne** Hilfsverb ***did*** aus
- **Signalwörter**: ***last week, ago, in 2015, yesterday...***

Wer diese Zeit bisher nicht oder nicht richtig angewendet hat, muss sich disziplinieren: Immer wenn etwas Vergangenes erzählt wird, die 2. Form des Verbs abrufen zu können und sich bewusst sein: *Wenn ich eine Frage stelle oder eine Verneinung ausdrücke, brauch ich* ***did****, aber dann steht das Vollverb in der Grundform.* Hier findet quasi ein Umschalten statt: Die 2. Form brauche ich nur für *Aussagen*! Und wenn ich ***to be*** verwende, geht es ohne did, einfach mit ***was/were*** verneinen und Fragen stellen (siehe nächste Seite).

. COMMON MISTAKES

- 2. Form der unregelmäßigen Verben sind nicht bekannt, nicht geübt, nicht gelernt
- Bei Fragen wird die Satzumstellung nicht beachtet, did... steht nicht am Satzanfang.
- Es wird mit ***did*** gefragt + das Verb wird in der 2. Form verwendet („doppelter Zwilling").
- Das Umschalten fällt schwer. In der Aussage heißt es: ***I went to Paris ...***
- Bei der Verneinung dagegen: ***I didn't go to Paris...***

THIS IS HOW IT WORKS

Aussage

	2. Form
I	**found** a hedgehog.
You	**went** to London.
He She It	**watched** a film. **did** the laundry. **rained**.
We	**talked** on the phone.
You	**drove** home.
They	**met** at 4pm.

Verneinung = did not

did not +	**Umschalten auf INFINITIVE/ Grundform!**
did not	**find** a hedgehog.
didn't	**go** to London.
did not **did not** **did not**	**watch** a film **do** the laundry. **rain**.
didn't	**talk** on the phone.
didn't	**drive** home.
did not	**meet** at 4 pm.

hedgehog: Igel, ***to do the laundry:*** die Wäsche machen

 Frage: Satzanfang !

 (Kurz-)Antwort

Did	**+**	**INFINITIVE/Grundform**
Did	I	**find** a hedgehog?
Did	you	**go** to London?
Did **Did** **Did**	he she it	**watch** a film? **do** the laundry? **rain**?
Did	we	**talk** on the phone?
Did	you	**drive** home?
Did	they	**meet** at 4pm?

Yes,	I **did**.
No,	I **didn't/did not**.
Yes, No, Yes,	he **did**. she **did not**. it **did**.
Yes,	we **did**.
No,	we **didn't**.
No,	they **did not**.

PECULIARITIES

Do kann in der englischen Grammatik, genauso wie ***have***, als Hilfsverb oder als ***Vollverb*** auftauchen. Hilfsverben *helfen*, eine Grammatik zu bilden, sie sind also *Bestandteil*, Vollverben drücken eine *Tätigkeit* aus. Nun passiert Folgendes, wenn die Tätigkeit tun do ist, lautet der Satz: ***I did my homework***. Bei der Verneinung taucht do zweimal auf: als Hilfs- und Vollverb! ***I didn't do my homework. Did I do my homework?***

Fragen mit ***Where were...*** klingen zu Beginn strange... Die Frage nach: *Wo warst du als...*? wird mit dem Verb ***to be*** gebildet, hier in der Vergangenheit = ***were*** + Fragewort am Satzanfang, also ***Where were you when...***

HOW IT WORKS WHEN YOU USE TO BE

! Remember: to be kommt ohne Hilfsverb did aus!

 Aussage

I	**was** the managing director.
You	**were** broke.
He/She/It	**was** eleven years old.
We	**were** in Italy.
You	**were** in grade 6.
They	**were** together.

 Verneinung = not

was not / wasn't	the managing director.
were not / weren't	broke**.**
was not	eleven years old.
were not	in Italy
weren't	in grade 6.
were not	together.

to be broke: pleite sein
to be in grade 6: in der 6. Klasse

 Frage: Satzanfang !

Was	I	managing director?
Were	you	broke?
Was	he/she/it	eleven years old?
Were	we	in Italy?
Were	you	in grade 6?
Were	they	together?

 (Kurz-)Antwort

Yes,	I **was**.
No,	you **were not**.
No,	he **wasn't**.
Yes,	we **were**.
No,	we **weren't**.
Yes,	they **were**.

GOOD TO KNOW

Das Modalverb must wird im SIMPLE PAST mit der Ersatzform = ***have to*** gebildet:
to have to / had to / had to - I had to leave London early.
can wird zu ***could, shall*** zu ***should***

 Have a break! Time for a cup of tea or coffee...

BEFORE YOU START THE WORKOUT

LET'S RECALL: SIMPLE PAST

- Ausdrücken, was passiert und vorbei ist, Zeitpunkt in der Vergangenheit.
- **Signalwörter**, u.a. ***last week, a year ago, in 2011, when I was little...***
- Bildung immer mit der 2. Form des Verbs, Achtung bei Formen unregelmäßiger Verben
- Verneinungen und Fragen brauchen das Hilfsform do in der 2. Form = ***did***.
- Wenn ich did verwende, dann steht das Vollverb im INFINITIVE/Grundform.
- Bei Fragen: Die Satzstellung verändert sich, did kommt an den Satzanfang.
- ***To be*** kommt ohne ***did*** aus.

"live and learn" ... ... „man lernt nie aus"

Warm-up: stretching = get ready!

Persönliche Notizen

YOUR WORKOUT – YOUR TURN

LEISURE
1-10/40 **LEISURE**
SIMPLE PAST

SAY IN ENGLISH

1. Letztes Jahr um diese Zeit lag Schnee.
   last year at this time / to have snow / to be snow

2. Als ich gestern in der Stadt war, habe ich Onkel Max getroffen.
   to be in town / to meet

3. Ich habe Anna nicht davon erzählt, als ich mit ihr gesprochen habe.
   not to tell / to speak

4. Wir sind hierhergezogen, als die Kinder klein waren.
   to move here / to be little

5. Ich habe vor fünf Jahren aufgehört, für diese Firma zu arbeiten.
   to stop working / five years ago

6. Sie trafen sich am Bahnhof, kauften Tickets und fuhren nach Paris.
   to meet / to buy / to travel

7. Waren Sie glücklich in Berlin?
   to be happy

8. Wann hast du diese Tasche gekauft und wo?
   to buy

9. Das hat sie **damals** nicht **absichtlich** gemacht, oder doch?
   (then, on purpose), ***to do***

10. Das habe ich nicht verstanden, dass du nicht angerufen hast!
    to understand / to call

CHECK YOUR ANSWERS

1-10/40 **LEISURE**
SIMPLE PAST

1. ***Last year at this time, we had snow/there was snow.***
   vorbei / Man kann sagen, wir hatten Schnee oder es gab Schnee, in beiden Fällen ist es vorbei und wir brauchen die 2. Form.
2. ***When I was in town yesterday, I met uncle Max.***
   vorbei / Der Satz erzählt von einer Gegebenheit, die gestern passierte. Unregelmäßiges Verb = ***met.***
3. ***I didn't tell Anna about it when I spoke to her.***
   vorbei / Achtung: Bei der Verneinung brauchen wir did not + INFINITIVE. Im zweiten Satzteil ist es eine Aussage = 2. Form!
4. ***We moved here when the children were little/small.***
   vorbei / Aussage über etwas i. d. Vergangenheit, wir zogen her und die Kinder waren klein.
5. ***I stopped working for that company five years ago.***
   vorbei / Der Zeitpunkt liegt eindeutig in der Vergangenheit, regelmäßiges Verb.
6. ***They met at the station, bought tickets and travelled to Paris.***
   vorbei / Klare Erzählung von etwas, das vorbei ist. Hier: fahren (mit dem Zug) = *travel (by train)*, Formen der unregelmäßigen Verben beachten.
7. ***Were you happy in Berlin?***
   vorbei / Obwohl hier kein Zeitpunkt genannt wird, ist doch eindeutig: Es wird gefragt, ob jemand dort glücklich war. Beachte Frage mit *were* am Satzanfang! Was wir hier nicht wissen, ohne Kontext, ist, ob die Frage sich an eine oder mehrere Personen richtet. *you* = du + *you* = ihr.
8. ***When did you buy that bag and where?***
   vorbei / Das ist eindeutig eine Frage im SIMPLE PAST – der Zeitpunkt des Kaufes liegt zurück. Frage muss mit *did* gestellt werden + INFINITIVE/Grundform.
9. ***She didn't do it on purpose then, did she?***
   vorbei / Durch den Zusatz *damals* ist es eindeutig: Es ist vorbei. Ohne den Zusatz hätte es einen Bezug zu JETZT gegeben (PRESENT PERFECT), etwas ist gerade zu Bruch gegangen etc. So ist es jedoch SIMPLE PAST, eine verneinte Frage. Da in der negativen Form gefragt wurde, steht der Question tag in positiver Form dort; Achtung: Hier **do** – als Hilf- und als Vollverb.
10. ***I didn't understand that you didn't call (me).***
    vorbei / Es ist eindeutig, dass beide Zeitpunkte von *verstehen* und *nicht anrufen* in der Vergangenheit liegen.

FILL IN THE GAPS

21-20/40 **LEISURE**
SIMPLE PAST

11. Wow! That ___________ *(to be)* a good game last night, I really ___________ *(to enjoy)* it a lot.

12. When she ___________ *(to be)* young, she ___________ *(not, to think)* much about her future.

13. When ___________ *(you, to put)* the letters in the post? Last time, they ___________ *(to arrive)* much earlier.

14. What ___________ *(Liz, to say)* to you on the phone? She ___________ *(to say)* she ___________ *(will)* call.

15. What a year 2020 ___________ *(to be)*: we ___________ *(not, to go)* on holiday, we ___________ *(not, can)* go to a couple of parties and we ___________ *(must)* cancel several festival tickets.

16. Do you remember when we ___________ *(to be)* in Italy? The wonderful house we ___________ *(to stay)* in, the lovely food we ___________ *(to have)*, the wonderful beaches and how we ___________ *(to learn)* to do stand-up paddling!

17. ___________ *(you, to buy)* that bag in the new shop in town? How much ___________ *(it, to cost)* you?

18. I am sorry, I can't **lend** you my **scales**, I ___________ *(to sell)* them a week ago. I ___________ *(to think)* I ___________ *(not, will)* need them again. *(ausleihen, Waage)*

19. When I ___________ *(to be)*little, I ___________ *(to spend)* a lot of time with my grandparents because my mother ___________ *(to work)* full-time.

20. Do you know how often we ___________ *(not, to win)* a thing in the lottery last year? Not even a single euro?!

11-20/40 **LEISURE**
SIMPLE PAST

11. Wow! That was a good game last night, I really enjoyed it a lot. ***vorbei / Gespräch über Spiel am Vorabend, 2. Form der Verben.***
12. When she was young, she didn't think much about her future. ***vorbei / Als sie jung war... / Bei Verneinung auf richtige Anwendung achten.***
13. When did you put the letters in the post? Last time, they arrived much earlier. ***vorbei / Achtung: Bei der Frage das did verwenden, hinter dem Fragewort.***
14. What did Liz say to you on the phone? She said she would call. ***vorbei / Fragen mit did richtig stellen und beachten, dass aus will would wird.***
15. What a year 2020 was: we didn't go on holiday, we couldn't go to a couple of parties and we had to cancel several festival tickets. ***vorbei / ein Rückblick auf ein vergangenes Jahr / Beachten Sie, dass must in der Vergangenheit mit der Ersatzform have to gebildet wird.***
16. Do you remember when we were in Italy? The wonderful house we stayed in, the lovely food we had, the wonderful beaches and how we learned to do stand-up paddling! ***vorbei / Eine Unterhaltung über ein Erlebnis in der Vergangenheit.***
17. Did you buy that bag in the new shop in town? How much did it cost you? ***vorbei / Die Tasche wurde irgendwann gekauft, Zeitpunkt liegt in der Vergangenheit.***
18. I am sorry, I can't lend you my scales, I sold them a week ago. I didn't think I would need them again. ***vorbei / Etwas wurde verkauft.***
19. When I was little, I spent a lot of time with my grandparents because my mother worked full-time. ***vorbei / Auch wieder: Bericht aus der Vergangenheit.***
20. Do you know how often we didn't win a thing in the lottery last year? Not even a single euro?! ***vorbei / Hier geht es um letztes Jahr, Verneinung bilden mit did not.***

ANSWER THE QUESTION

21-40/40 **LEISURE**
SIMPLE PAST

21. Was David very tired this morning? No, ____________
22. Did Charles walk the dog yesterday evening? Yes, ____________
23. Did you have time to send me an email? No, ____________
24. Was Susan **upset** that she didn't get the shirt? *(enttäuscht sein)* Yes, ____________
25. Did you go by train into London? No, ____________
26. Who was with you at the concert? ____________
27. Did you enjoy the concert? Yes, ____________
28. Why did you think I would not come? Because ____________
29. When did you see the film? I ____________
30. Where did you stay in France? We ____________

FIND & FIX THE MISTAKE

31. We speak about a job offer for Cologne last Tuesday.
32. Do you saw the neighbour when he came home last night?
33. I layed the keys on the table! Can you find them when you came home?
34. Where did you be last night? We waiting for you.
35. When I was a child I have played a lot of football.
36. He said that he will not go to the doctor last week.
37. When did you become this document?
38. I was in Düsseldorf shopping.
39. Who did you yesterday see?
40. They must need to take the test because they had symptoms.

CHECK YOUR ANSWERS

21. **Was David** very tired this morning? No, he wasn't. / Mit short answer auf Fragen so antworten, wie gefragt wurde. Aufgreifen ist die einfachste Art, spontan zu reagieren; natürlich gibt es mehrere Möglichkeiten, zu antworten; ich möchte hier zeigen, dass es sich hier anbietet. Hinweis: Wenn man nur *No* bzw. *Yes* sagt, klingt das in der englischen Sprache eher unhöflich.
22. **Did Charles walk** the dog yesterday evening? Yes, he did.
23. **Did you have** time to send me an email? No, I didn't.
24. **Was Susan** upset that she didn't get the shirt? Yes, she was.
25. **Did you go** by train into London? No, I didn't.
26. **Who was** with you at the concert? Sandra, Sarah and Tim were with me. / Frage mit Fragewort = offene Fragen, Achtung: Wird mit *was* gestellt, aber erst aus Antwort geht hervor, ob es mehrere Personen waren
27. **Did you enjoy** the concert? Yes, I/we did.
28. **Why did you think** I would not come? Because I thought... / Frage mit Fragewort = offene Fragen erfordern eine Information, eventuell Verb aus der Frage aufgreifen...
29. **When did you see** the film? I saw it last month.
30. **Where did you stay** in France? We stayed at a nice hotel.
31. We **spoke** ~~speak~~ about a job offer for Cologne last Tuesday. / 2. Form unregelmäßiges Verb: *speak/spoke/spoken*.
32. **Did** ~~Do~~ you **see** ~~saw~~ the neighbour when he came home last night? / SIMPLE PAST Frage mit *did* + INFINITIVE!
33. I **put** ~~layed~~ the keys on the table! **Could** ~~Can~~ you find them when you came home? / Häufig verwechselt: legen= *put/put/put*; oder *lay/laid/laid*, Achtung: Aus *can* wird *could*.
34. Where **were** ~~did~~ you ~~be~~ last night? We **were** waiting for you. / Achtung: *to be* braucht kein Hilfsverb!
35. When I was a child I ~~have~~ played a lot of football. / Das ist die wörtliche Übersetzung von "habe ich gespielt" – grammatikalisch PRESENT PERFECT (Kap. 4), doch hier brauchen wir SIMPLE PAST!
36. He said that he **would** ~~will~~ not go to the doctor last week. / Aus *will* wird *would*; Tipp: wenn Sie erzählen (Past), bleiben Sie in der Zeit. Hier: indirekte Rede / Backshifting.
37. When did you **get** ~~become~~ this document? / Häufig verwechselt: *become* = werden.
38. I was ~~in Düsseldorf~~ shopping **in Düsseldorf**. / Satzstellung – Ortsangabe am Satzende.
39. Who did you ~~yesterday~~ see **yesterday**? / Satzstellung – Zeitangabe Satzende.
40. They **had to** ~~must need to~~ take the test because they had symptoms. / Aus *must* wird *had to; have to* ist die Ersatzform für *must*, also *must* = *have to*.

YOUR WORKOUT – YOUR TURN

BUSINESS
1-10/40 **BUSINESS**
SIMPLE PAST

SAY IN ENGLISH

1. Wir haben die Zahlen vor einem Monat auf unserer Pressekonferenz vorgestellt.

2. Als der **Vorstand tagte**, hat er nicht über das Projekt entschieden. *(management board to meet)*

3. Wann haben wir den **Zulieferer** gewechselt? *(supplier)*

4. Die USA waren früher ein attraktiverer Handelspartner als heute.

5. Dies Firma hat letztes Jahr wenig getan, um das **Thema** Nachhaltigkeit **voranzutreiben**. *(subject, issue / to push, to promote)*

6. Wann sind wir **übernommen** worden? War das nicht vor zwei Jahren? *(to be taken over)*

7. Am Anfang haben wir uns auf unser Knowhow **verlassen**. *(to rely / count on)*

8. Haben Sie Paul getroffen als Sie letzte Woche im Headquarter waren?

9. Sie wissen, dass wir das tun mussten?

10. Es wird oft gesagt, dass es **früher** einfacher war. *(in the past)*

CHECK YOUR ANSWERS

1-10/40 **BUSINESS**
SIMPLE PAST

1. We presented the figures a year ago at our press conference. ***vorbei / last year, eine Aussage, beachten Sie: at the press conference.***

2. When the management board met, it didn't decide on / about the project. ***vorbei / der Zeitpunkt des Meetings ist vorbei, hier 3. Person Singular it.***

3. When did we change the supplier? ***vorbei / Hier wird nach etwas gefragt, das in der Vergangenheit passiert – mit did + INFINITIVE/Grundform.***

4. In the past, the USA were a more attractive trading partner than they are today. ***vorbei / früher = in former times, das ist vorbei! Verb = to be. USA ist ein collective noun = Plural.***

5. This company did little / didn't do much last year to push the issue of sustainability. ***vorbei / der Zeitpunkt ist genannt: letztes Jahr, die Formulierung did little = wenig tun, möglich auch: hat nicht viel getan: did not do much. Much & many, hier: unzählbar.***

6. When were we taken over? Wasn't it two years ago? ***vorbei / Die Frage bezieht sich auf etwas, das vorbei / bereits passiert ist. Verb to be = Frage mit were.***

7. In the beginning we counted on our know-how. ***vorbei / Auch hier ist klar, dass von früher = den Anfängen gesprochen wird. Man beachte: englische Schreibweise von know how.***

8. Did you meet Paul when you were at the headquarters last week? ***vorbei / Frage nach einem Zeitpunkt letzter Woche = vorbei, mit did fragen am Satzanfang.***

9. You know we had to do it! ***vorbei / Hier wird auf etwas angespielt, das passiert ist, Achtung: 2. Form von müssen (must) = had to.***

10. It's often said that it was easier in the past. ***vorbei / auch hier liegt der Zeitpunkt, über den gesprochen wird, in der Vergangenheit.***

"throw in the towel" ... **... „die Flinte ins Korn werfen"**

FILL IN THE GAPS

11-20/40 **BUSINESS**
SIMPLE PAST

11. _______________ ***(Bob, to talk)*** to the guy in California last night? I **could do with** an update! *(gebrauchen können)*

12. What exactly _______________ ***(she, to agree)*** on when she _______________ ***(to negotiate)*** with the marketing team?

13. We _______________ ***(to have)*** flexible payments with the customers last year, but it _______________ ***(not, to work)*** out very well in the end, so we _______________ ***(must)*** change to stricter regulations at the beginning of this year.

14. When __________ ***(to be)*** the last time we _______________ ***(to need)*** the overhead projector? We **might as well** give it away. *(könnten wirklich/auch)*

15. _______________ ***(you, to be)*** _______________ ***(to hack)*** last year, too? For our company, that _______________ ***(to have)*** a major impact on our IT-department.

16. In the meeting this morning, Dave _____________ ***(to be)*** the **good cop**, I _______________ ***(to be)*** the **bad cop**! *(der Gute, der Böse)*

17. I remember the times when we _____________ ***(to manage)*** to increase sales figures in the **double-digit range**! *(zweistelliger Bereich)*

18. When _______________ ***(we, to get)*** so bad at satisfying our customers' needs? Last year, we _______________ ***(to get)*** much better feedback.

19. Hi Mr. Cook, I _______________ ***(to send)*** you the tables on Thursday. _______________ ***(your secretary, to print)*** them out before the last meeting?

20. I am sorry, Mr. Smith is not in today, he _____________ ***(to leave)*** for Kopenhagen this morning.

CHECK YOUR ANSWERS

11-20/40 **BUSINESS**
SIMPLE PAST

11. Did Bob talk to the guy in California last night? I could do with an update! ***vorbei / Gespräch bezieht sich auf gestern Abend, Frage mit did am Satzanfang.***
12. What exactly did she agree on when she negotiated with the marketing team? ***vorbei / Es geht um eine Situation, die in der Vergangenheit stattgefunden hat, Frage mit did, Aussage mit 2. Form Verb, hier regelmäßig***
13. We had flexible payments with the customers last year, but it did not work out very well in the end, so we had to change to stricter regulations at the beginning of this year. ***vorbei / Aussage über etwas aus letztem Jahr, Verneinung mit did not, must wird zu had to.***
14. When was the last time when we needed the overhead projector? We might as well give it away. ***vorbei / Frage mit to be = hier was (the last time = it).***
15. Were you hacked last year, too? For our company, that had a major impact on our IT-department. ***vorbei / Frage mit to be = hier were (you).***
16. In the meeting this morning, Dave was the good cop, I was the bad cop. ***vorbei / this morning, Verb to be.***
17. I remember the times when we managed to increase sales figures in the double-digit range! ***vorbei / Etwas, das der Vergangenheit angehört.***
18. When did we get so bad at satisfying our customers' needs? Last year, we got much better feedback. ***vorbei / Frage nach dem Zeitpunkt, der vorbei ist. Frage mit did + Grundform, Aussage mit 2. Form, hier unregelmäßig.***
19. Hi Mr. Cook, I sent you the tables on Thursday. Did your secretary print them out before the last meeting? ***vorbei / last Thursday.***
20. I am sorry, Mr. Smith is not in today, he left for Kopenhagen this morning. ***vorbei / Heute Morgen, 2. Form hier unregelmäßig.***

ANSWER THE QUESTION

21-40/40 **BUSINESS**

SIMPLE PAST

21. Was Sarah in this morning? Yes, ______________________
22. Did you go over the figures with Bob yesterday? No, __________
23. Did you have time to send me new dates? Yes, _____________
24. Was I correct, thinking she pretended? No, _______________
25. Did they take a taxi from the hotel to the **trade fair center**? *(Messezentrum)*
    Yes, ________________
26. Where were you last night? I _______________________
27. When did you get back from the meeting? I ______________
28. What did he tell you about our company? He _____________
29. Who was Paul's boss last year then? It ______________
30. Why didn't you call me last night? Because ______________

FIND & FIX THE MISTAKE

31. Why did we not become the information in time?
32. There were no doubt that the shares falled yesterday.
33. Ms Parker, please can you look up when Mr Stevens yesterday sent the email?
34. In the meeting last week we have talked a lot about it!
35. They was together in the meeting? Why did you tell me not?
36. Where went you after the meeting?
37. The informations have come in early this morning. (It's afternoon)
38. Saw you the latest news on the automotive sector?
39. Earlier, I talk about the new product launch, now I talk about last year.
40. We musted to send the letters a week early, I hope you don't mind.

"barking up the wrong tree" ... **... „auf dem Holzweg sein"**

"spill the beans" ... **... „ein Geheimnis verraten"**

CHECK YOUR ANSWERS

21-40/40 **BUSINESS**
SIMPLE PAST

21. **Was Sarah** in this morning? Yes, she was. ***Auf Fragen so antworten, wie gefragt wurde, also short answer; natürlich gibt es immer mehrere Möglichkeiten zu antworten, ich möchte hier zeigen, dass es sich anbietet. Hinweis: Wenn man nur No bzw. Yes sagt, klingt das in der englischen Sprache eher unhöflich.***
22. **Did you** go over the figures with Bob yesterday? No, I / we didn't. ***Aufgreifen, wie gefragt wurde, hier möglich als ich oder wir zu antworten.***
23. **Did you** have time to send me new dates? Yes, I did.
24. **Was I** correct, thinking she pretended? No, you were not / weren't. ***Hier aufpassen, denn was wird zu were (von I was zu you were).***
25. **Did they** take a taxi from the hotel to the trade fair center? Yes, they did.
26. **Where were** you last night? I was....
27. **When did you get back** from the meeting? I got back at 9 pm. ***Frage mit Fragewort = offene Fragen erfordern eine Information.***
28. **What did he tell** you about our company? He told me....
29. **Who was** the boss of Paul last year then? It was....
30. **Why** didn't you call me last night? Because...
31. Why did we not **get** ~~become~~ the information in time? ***Typischer Fehler: get & become werden verwechselt. Become = werden, get =bekommen.***

32. There **was** ~~were~~ no doubt that the shares **would fall / fell** ~~falled~~ yesterday. *Hier muss was für it (the doubt) verwendet werden; ~~falled~~ existiert nicht.*
33. Ms Parker, please can you look up when Mr Stevens ~~yesterday~~ sent the email **yesterday**? *Achtung: Satzstellung!*
34. In the meeting last week we ~~have~~ talked a lot about it! *Hier wurde wörtlich übersetzt: "haben wir besprochen" (have talked = PRESENT PERFECT), aber wir brauchen SIMPLE PAST (last week)!*
35. ~~They~~ **Were** ~~was~~ **they** together in the meeting? Why **did you not / didn't you** tell me ~~not~~? *They = were und Satzstellung beachten!*
36. Where **did you go** ~~went you~~ after the meeting? *Hier wurde die Frage ohne Hilfsverb did gebildet!*
37. The **information** ~~informations have come~~ **came** in early this morning. *(It's afternoon now.) Achtung: information = Informationen, kein "s" und SIMPLE PAST!*
38. **Did you see** ~~Saw you~~ the latest news on the automotive sector? *Hier wurde die Frage ohne Hilfsverb did gestellt.*
39. Earlier, I **talked** ~~talk~~ about the new product launch, now I **will** talk about last year. *2. Form verwenden! Will siehe Kap. 5.*
40. We **had to** ~~musted to~~ send the letters a week early, I hope you don't mind. *must = had to.*

Well done! You deserve a little break!

of growing interest = von wachsendem Interesse

Unter ***Gendern*** ist in der Regel die geschlechterspezifische Sprache gemeint, also ob Texte alle Geschlechter ansprechen.

Wir kennen das: LeserInnen, LehrerInnen etc. In England werden Berufsbezeichnungen neutralisiert: ***fireworker, police officer etc.***

Bei den Pronomen funktionert ***(s)he, s/he*** oder ganz einfach ***she*** – denn darin ist ***he*** bereits enthalten.

Before you *go on* = weitermachen, take a deep breath!

4 PRESENT PERFECT BIG 5

PRESENT PERFECT ist zweifellos die not easy für uns Deutsche, und zwar, weil wir dieses Konzept in unserer Sprache nicht kennen. Diese Zeitform beschreibt alles, was begonnen hat - zu einem Zeitpunkt in der Vergangenheit - und noch immer andauert, bzw. eine Bedeutung für JETZT hat. Das ist für uns neu, wir müssen überlegen: *Trifft das zu?* Das automatisch korrekt anzuwenden, ist die große Herausforderungen in diesem Kapitel! Vielleicht ist es tröstlich: Diese Zeit bereitet Kopfzerbrechen! Aber wenn Sie das Konzept verstanden haben und in der Lage sind, PRESENT PERFECT korrekt einzusetzen, ist ein wichtiger Schritt getan. Auf die Zeit verzichten können wir leider nicht, denn PRESENT PERFECT wird in der englischen Sprache sehr häufig benutzt.

GOOD TO KNOW

Im amerikanischen Englisch wird PRESENT PERFECT weniger verwendet, das heißt die Regeln sind dort etwas anders.

THIS IS PRESENT PERFECT

Eine Frage, die Sie sich immer stellen müssen: Ist das Geschehene vorbei, abgeschlossen (**Kap. 3 SIMPLE PAST**) oder nicht?
Zum Beispiel: Wir haben gegessen.
In der deutschen Sprache nehmen wir einen Zusatz: *Wir haben gestern gegessen. Wir haben gerade gegessen.*

Anders im Englischen:

SIMPLE PAST	PRESENT PERFECT
We ate (yesterday).	We have (just) eaten.

Der Zusatz gestern yesterday / gerade just wird durch unterschiedliche Grammatik ausgedrückt!

Entscheidend ist, ob das Essen vorbei ist. Sie könnten einwenden: *Aber in beiden Fällen esse ich nicht mehr!* Ja, aber die Bedeutung für JETZT ist bei **just** gegeben.

Bildlich gesehen fasst sich möglicherweise der/die Sprechende auf den Bauch (*Bin ich voll!*) oder die benutzten Teller sind zu sehen.

Hilfe für die Abgrenzung zum SIMPLE PAST ist, dass bei SIMPLE PAST immer ein Zeitpunkt genannt wird, der in der Vergangenheit liegt (Kap. 3). Nehmen wir wieder das Bild vom Vorhang – alles, was hinter dem Vorhang liegt, ist vorbei = SIMPLE PAST; alles, das durch den Vorhang hinweg andauert, und für JETZT wichtig ist, steht im PRESENT PERFECT. Es helfen *Signalwörter*, die PRESENT PERFECT anzeigen: *since/for, ever, never, yet, not yet, already...*

- *since, for:* seit, ever: jemals, never: niemals, yet: schon, not yet: noch nicht, just: gerade eben, recently: kürzlich, already: schon
- *perfect:* Perfekt, kennen wir auch aus der deutschen Sprache – **ge**macht, **ge**kocht, das ist im Englischen die 3. Form der Verben, **Zusatzinfo**: Perfekt + Präteritum entsprechen im Deutschen dem SIMPLE PAST. Ich habe gegessen. Ich aß. Hier ist es nicht wichtig, ob die Handlung noch andauert, die Unterscheidung ist eher: Perfekt: gesprochene Sprache, Präteritum: geschriebene Sprache

QUICK READER

alles, was begonnen hat, andauert / Bedeutung hat für JETZT

I **have lived** here all my life (since I was born until now), I **have** never **been** to Australia (since I was born until now), I **have worked** (and now I am tired), I **have read** the book (you can have it now), my family **has talked** to our friends (and now we can decide), we **have driven** too much (and now there is no fuel left), I **have written** the email (you will get it in a second), she **has eaten** lunch (she is full now)

Leider ist es damit noch nicht genug. Es gibt zwei Formen von PRESENT PERFECT: SIMPLE + CONTINUOUS. Dem Prinzip folgend, dass CONTINUOUS immer einen *Zeitraum* meint, drücken wir damit aus, dass etwas *weiterhin andauert*.

THE ESSENTIALS

PRESENT PERFECT (SIMPLE) wird gebildet mit dem Hilfsverb *have/has* + der 3. Form der Verben; beachte unregelmäßig Verben und deren Formen.

- Verneinungen werden mit ***have not / has*** not gebildet, Kurzform *haven't/hasn't*
- Bei Fragen ändert sich die Satzstellung, *have/has* stehen am Satzanfang
- Wenn ***since/for*** = **seit** verwendet wird, immer PRESENT PERFECT

- Es gibt PRESENT PERFECT SIMPLE und PRESENT PERFECT CONTINUOUS
- Bei Continuous wird so gebildet: I **have been working** *for this company since...*
- *Have/has + been +* Verb mit *–ing*
- **Signalwörter:** *ever, never, yet, since, for...*

CONTINUOUS in der englischen Sprache drückt immer eine Zeitspanne aus, also etwas passiert nicht in einem (kurzen) Moment, sondern dauert an. Weil PRESENT PERFECT sich auf etwas bezieht, das andauert, können wir *das Konzept* hier gut gebrauchen! Worin aber liegt jetzt der Unterschied zum PRESENT PERFECT SIMPLE? Vergleichen Sie diese Sätze:

SIMPLE	**have/has + 3 Form**
I	**have** just **come** home.

CONTINUOUS	**have/has + been + ing**
I	**have been living** in Berlin since 2010.

Der obere Satz drückt aus, dass ich soeben nach Hause gekommen bin (Bedeutung JETZT). Der untere Satz drückt aus, dass ich über die Zeitspanne von 2010 bis JETZT dort wohne.

Der obere Satz könnte (eher nicht) im CONTINUOUS stehen: I have just been coming home. Das würde so viel bedeuten wie ich bin über einen Zeitraum gerade nach Hause gekommen. Das macht keinen Sinn.

Nicht alle Verben machen Sinn, im Verlauf = CONTINUOUS zu stehen! Vergleichen Sie auch diese Sätze:

SIMPLE	I **have bought** fresh apples.	
CONTINUOUS	I **have been buying** fresh apples.	Macht das Sinn?

Der obere Satz bedeutet, dass ich Äpfel gekauft habe – dort liegen sie!
Der untere Satz würde bedeuten, dass ich Äpfel gekauft habe – über welchen Zeitraum hinweg?

Ich würde eher an Sätze denken wie:

I **have been collecting** *bottle openers since I was a child*. Das macht Sinn! Seitdem und immer noch.

Es ist sehr gut nachvollziehbar, dass diese Unterscheidung ein bisschen Zeit braucht. Daher rate ich dazu, Schritt für Schritt vorzugehen: Beginnen Sie mit dem PRESENT PERFECT SIMPLE. Wenn Sie richtig entscheiden können, wann PRESENT PERFECT wichtig ist, haben Sie bereits viel erreicht. Machen Sie dann den zweiten Schritt, auch das CONTINUOUS zu üben. Wie immer gilt auch hier: jede/r im eigenen Tempo.

COMMON MISTAKES

- Sätze mit ***since/for*** werden nicht als PRESENT PERFECT gebildet.
- (*Ich arbeite hier seit... I work here since...* = falsch!)
- Sätze werden versucht, 1:1 zu übersetzen, was oft nicht funktioniert.
- 3. Form der Verben sind nicht abrufbar.
- Anwendungen von SIMPLE und CONTINUOUS sind nicht geübt/verstanden.

THIS IS HOW IT WORKS

Aussage *just...*

	SIMPLE
	have + 3. Form
I	**have finished**.
You	**have seen** the news.
He	**has met** her lately.
She	**has put** the keys in its place.
It	**has started** to rain.
We	**have agreed** on a plan.
You	**have left** home.
They	**have had** dinner.

Aussage *all day...*

	CONTINUOUS
have + been	+ ing
have been	**reading** all day.
have been	**watching** TV all morning.
has been	**dating** her for a while.
has been	**looking for** them all afternoon.
has been	**raining** all night.
have been	**talking** about it all morning.
have been	**thinking** about it for a long time.
have been	**having** this problem all day.

! Durch Contractions ergibt sich Folgendes:
I've finished...., **You've** not seen..., **They've** had dinner...
He's met.... **She's** put... **It's** started..., **We've** agreed...

's steht dabei **nicht** für *is*, sondern für *has*

Das kann man in der Kommunikation leicht überhören, da es weich und häufig sehr schnell ausgesprochen wird.

 Verneinung *not yet*.

	SIMPLE
I	**have not finished**.
You	**haven't seen** the news.
He She It	**has not met** her lately. **hasn't put** the keys in its place. **hasn't started** to rain.
We	**haven't agreed** on a plan
You	**have not left** home.
They	**haven't had** dinner.

 Verneinung *the whole time...*

	CONTINUOUS
have not been	**reading** all day.
haven't been	**watching** TV all morning.
has not been **hasn't been** **hasn't been**	**dating** her for a while. **looking for** them all afternoon. **raining** all night.
haven't been	**talking** about it all morning.
have not been	**thinking** about it for a long time.
have not been	**having** this problem all day.

 Frage: Satzanfang !

Have	**+**	**3. Form**
Have	I	**finished**?
Have	you	**seen** the news?
Has **Has** **Has**	he she it	**met** her lately? **put** the keys there? **started** to rain?
Have	we	**agreed** on a plan?
Have	you	**left** home?
Have	they	**had** dinner?

 Frage: Satzanfang !

		(been)	**+ ing**
Have	I	**been**	**reading** all day?
Have	you	**been**	**watching** TV all morning?
Has **Has** **Has**	he she it	**been** **been** **been**	**dating** her for a while? **looking for** them all afternoon? **raining** all night?
Have	we	**been**	**talking** about it all morning?
Have	you	**been**	**thinking** about it for a long time?
Have	they	**been**	**having** this problem all day?

PECULIARITIES

Have ist in der englischen Grammatik, genau wie do, Hilfsverb und VOLLVERB. Daher taucht das Wort manchmal zweimal im gleichen Satz auf: *I* have HAD *breakfast. She* has HAD *a haircut.* Das braucht etwas Übung und ist zu Beginn etwas verwirrend.

Have a break! Time for a cup of tea or coffee...

BEFORE YOU START THE WORKOUT

LET'S RECALL: PRESENT PERFECT

- Ausdrücken, was begonnen hat (in der Vergangenheit) und noch andauert.
- Ausdrücken, was eine Bedeutung für JETZT hat.
- **Signalwörter** SIMPLE: since/for, ever, never, yet, not yet, still not, recently, already
- **Signalwörter** CONTINUOUS: all day, the whole day, since/for, for a long time
- SIMPLE mit have/has + 3. Form des Verbs, Formen unregelmäßigen Verben
- CONTINUOUS mit have/has + been + -ing (3. Form von be = been)
- Bei Fragen ändert sich die Satzstellung: have/has kommen an den Satzanfang.
- Im amerikanischen Englisch ist PRESENT PERFECT weniger verbreitet – hier werden
- Nachrichten/Neuigkeiten im SIMPLE PAST (Kap. 3) kommuniziert.

“so far so good“ ... **... „so weit, so gut“**

Warm-up: stretching = get ready!

YOUR WORKOUT – YOUR TURN

LEISURE

1-10/55 **LEISURE**

PRESENT PERFECT SIMPLE

SAY IN ENGLISH

1. Hast du schon die **Schwiegereltern** getroffen? Noch nicht. ***(already / to meet / not yet)*** *(parents-in-law, in-laws)*

2. Mir hat er nichts von seinem neuen Auto erzählt! ***(not / to tell)***

3. Warst du schon mal in Disneyland? ***(ever / to be)***

4. Ich hatte keine Milch mehr, daher habe ich meine Nachbarin angerufen und sie hat mir gerade zwei Pakete vorbeigebracht. ***(to call / to bring / just)***

5. Bist du mit den Hausaufgaben fertig? ***(to finish)***

6. Hast du schon zu Mittag gegessen? ***(already / to have lunch)***

7. Sie hat die Oma immer noch nicht angerufen! ***(still not / to call)***

8. Schöne Haarfarbe! Warst du beim Friseur? ***(to be to the hairdresser)***

9. (Tochter kommt nach Hause). Wo warst du? Ich war bei Susan. ***(to be)***

10. Hast du mal darüber nachgedacht, dich im Fitnessstudio **anzumelden**? ***(ever / to think about)***, *(to subscribe, register, enrol in, sign on)*

CHECK YOUR ANSWERS

1. Have you already met the parents-in-law? Not yet. ***Signalwort already / Hast du sie kennengelernt? ... bis heute, dieser Satz steht im PP. Achtung Satzanfang, have nach vorne und already vor das Vollverb.***
2. He hasn't told me anything about his new car! ***Bedeutung Jetzt / Hier findet eine Unterhaltung statt: Ein Gesprächspartner weiß vom neuen Auto, der andere nicht – das ist die Bedeutung für JETZT, die Information ist neu. Für SIMPLE PAST müsste ich einen Zeitpunkt nennen: He told me about it*** ***last week.***
3. Have you ever been to Disneyland? ***Signalwort ever / „Jemals bezieht sich immer auf eine Zeitspanne - bis jetzt! Achtung: Satzanfang bei Frage: Have you ever had a dog? Have you ever met my husband? Have you ever seen a*** play ***in London?*** *(Theaterstück)*
4. I had no milk left/I didn't have any milk, so I called my neighbour and she has just brought/dropped me two packs. ***just = gerade eben, Bedeutung JETZT / Dieser Satz enthält SIMPLE PAST + PP: Im ersten Satzteil sage ich, dass ich keine Milch hatte (vorbei). Danach rief ich an (vorbei) und gerade eben hat mir die Nachbarin die Pakete gebracht. Das ist die Bedeutung für JETZT = PP.***
5. Have you finished your homework? ***Es wurde begonnen und bis jetzt daran gearbeitet / Die Frage nach dem bist du fertig? muss im PP stehen! Würde sie im SIMPLE PAST did you finish... gestellt, bräuchten wir einen Zeitpunkt, z.B.*** ***when*** ***did you finish? Did you finish*** ***an hour ago?*** ***Ohne die Zeitangabe fragen wir mit PP. Die Betonung liegt auf dem Ergebnis: Zeig sie mir!***

6. Have you already had lunch? ***Signalwort already / Würden wir mit SIMPLE PAST fragen, bräuchten wir wieder einen Zeitpunkt: Did you have lunch with Peter (Peter is back from lunch) / an hour ago?***
7. She still hasn't called grandma! ***Signalwort still not / Es geht um den Zeitraum, als sie offensichtlich anrufen wollte, es aber noch nicht getan hat. Betonung auf dem Ergebnis: noch nicht erledigt!***
8. Nice (hair) colour. Have you been to the hairdresser? ***Reaktion auf etwas, das ich bemerke, den Zeitpunkt kenne ich nicht. / Die Aussage bezieht sich auf meine Beobachtung, etwas ist anders, hat sich verändert. Ich frage nicht, wann der Zeitpunkt des Friseurbesuchs war (When were you at the hairdresser's SIMPLE PAST), ich will JETZT wissen: Hast du etwas beim Friseur machen lassen?***
9. (Daughter is coming home) Where have you been? I've been at Susan's. ***Bedeutung jetzt / Die Frage nach dem Wo warst du? wird häufig im PP gestellt, die Betonung liegt auf der Bedeutung: Ich wusste nicht, wo du warst.***
10. Have you ever thought of enrolling at the fitness centre/gym? ***Signalwort ever / Diese Frage zielt auf einen Zeitraum ab: Ist es dir schon mal in den Sinn gekommen seit... bis jetzt... Auch hier wieder die Abgrenzung zum SIMPLE PAST: Did you think about it... when I met you (= Zeitpunkt) at the gym? Liegt in der Vergangenheit, ist also vorbei.***

□ * PP = PRESENT PERFECT

Persönliche Notizen

SAY IN ENGLISH

11-20/55 **LEISURE**

PRESENT PERFECT CONTINUOUS

11. Ich arbeite seit drei Jahren als Lehrerin an dieser Grundschule.
for 3 years / to work (elementary/ primary school)

12. Wir wohnen seit Anfang des Jahres in Hamburg.
since / to live

13. Ich habe den ganzen Morgen versucht, meinen Stromanbieter zu erreichen, leider erfolglos. *all morning / to try to get hold of (power/electricity supplier, without success)*

14. Mein ganzes Leben bin ich auf der Suche nach etwas. Ich habe es noch nicht gefunden. *all my life / to look for / not yet / to find*

15. Sie versuchen mich seit Monaten zu überzeugen, aber ich will ihnen kein Handy kaufen! *for months / to try to convince me (mobile (phone))*

16. Wir suchen seit etwa einem Jahr ein Baugrundstück.
for about a year / to look for (to look for, building site)

17. Wie lange arbeiten Sie schon hier?
how long / to work

18. Was hast du gemacht? Deine Gummistiefel sind ja völlig verschmutzt!
to do (rubber boots, wellies)

19. Ich habe den Garten umgegraben!
to dig (to dig (over))

20. Meine Nase juckt seit heute Morgen, wie lästig!
since this morning / to itch (to itch, annoying)

CHECK YOUR ANSWERS

11. I have been working as a teacher *for* three years *at* this primary school. ***Signalwort*** *for* / Achtung Fehlerquelle: Nicht 1:1 übersetzen! (*I work...* = falsch!) Ich arbeite seit drei Jahren und immer noch an der Schule, das **muss** im PP stehen. / for (seit) für eine Zeitspanne, *at* (an der Schule), *teacher* (m+f).
12. We have been living in Hamburg *since* the beginning of this year. ***Signalwort*** *since* / Achtung Fehlerquelle: Nicht 1:1 übersetzen! (*we live* = falsch) „Wir wohnen seit..." **muss** im PP stehen. Der letzte Satzteil... *since the beginning...* kann auch vorne stehen! since (seit) steht für einen Zeitpunkt.
13. I have been trying *all morning* to get hold of/to reach my power supplier, without success. ***Aussage:*** Ich versuche es immer noch. / Ein typischer Satz, der durch das CONTINUOUS ausdrückt, dass etwas über einen längeren Zeitpunkt getan wird, ist hier: Versucht, die Firma zu erreichen! *All morning* kann optional am Satzanfang stehen.
14. I have been looking for something *all my life*, I still haven't found it. ***Aussage:*** Ich versuche es immer noch. / In diesem Satz lässt sich der Unterschied zwischen PP SIMPLE + CONTINUOUS erkennen: Das Suchen dauert an (als Tätigkeit), das Finden ist keine andauernde Tätigkeit, sondern ein Moment (Simple).
15. They have been trying to convince me *for months*, but I don't want to buy them a new mobile. ***Signalwort*** *for*
16. We have been looking *for* a building site for about a year. Wir suchen immer noch.
17. How long have you been working here? ***Wann begonnen?*** Aber ich weiß, es dauert an. / Die Person arbeitet dort – Achtung Fehlerquelle: Nicht 1:1 übersetzen! (*How long do you work here* = falsch!) Dieser Satz muss ins PP!
18. What have you been doing?! Your wellies are completely/totally dirty! ***Reaktion*** auf etwas, das ich JETZT sehe / Der Dreck muss von etwas stammen, das gerade erst passiert ist – offensichtlich ist derjenige mitten in irgendeiner Tätigkeit! Das Resultat: das dreckige Schuhwerk.
19. I have been digging the garden. ***Erklärung*** für etwas, das ich JETZT sehe / Hier ist die Antwort: Jemand hat den Garten umgegraben – über einen Zeitraum, der bis gerade eben andauerte und das Ergebnis sind die schmutzigen Schuhe. Das drückt PP aus!
20. My nose has been itching since this morning. How annoying! ***Signalwort since*** / Es juckt und juckt und juckt – immer noch!

☐ * PP = PRESENT PERFECT

FILL IN THE GAPS

21-35/55 **LEISURE**
PRESENT PERFECT
WHAT IS CORRECT? PRESENT PERFECT OR SIMPLE PAST?

21. We ____________ ***(not yet, to decide)*** where to go on holiday this year.

22. ______________ ***(you, to be)*** to the doctor? You look **unwell**. *(unwohl)*

23. Last night, we _______________ ***(not, to watch)*** the news.

24. _____________ ***(you, to watch)*** *the news*? What's new?

25. Oh no, you _______________ ***(not, to*** **defrost*)*** the meat, now we have nothing to eat. *(auftauen)*

26. _________________ ***(you, to see)*** Martin lately? I ______________ ***(not, to hear)*** anything from him for a while.

27. Where ______________ ***(you, to be)***? I _______________ ***(to look)*** for you all afternoon!

28. When we _________ ***(to be)*** in Paris, we _________ ***(to see)*** the Eiffel tower, the Louvre and __________ ***(to go)*** on a boat tour on the Seine.

29. .How long ______________ ***(she, to look)*** for a new flat? It seems a long time!

30. I ________________ ***(to work)*** as a policeman for over ten years.

31. For 30 years, my parents _________________ ***(to live)*** on the **outskirts** of Bremen, that's where I ______________ ***(to grow up)***. *(Stadtrand)*

32. Erik, where are you going? _____________ ***(you, to finish)*** your homework?

33. Helena _________________ ***(to play)*** online for over three hours now, I am going to switch off the WIFI!

34. My husband ______________ ***(to play)*** playstation when he ____________ ***(to be)*** a student.

35. Wait, I _____________ ***(just, to be)*** to the supermarket, let me put all the shopping away, then I can help you.

21-35/55 **LEISURE**

PRESENT PERFECT

21. We haven't decided *yet* where to go on holiday this year. / PP Simple
    Signalwort yet – noch nicht entschieden.
22. Have you been to the doctor? You look unwell. / PP Simple
    Reaktion auf Beobachtung, kein Zeitpunkt genannt.
23. *Last night*, we didn't watch the news.
    SP / Zeitpunkt in der Vergangenheit genannt.
24. Have you watched the news? What's new?
    PP Simple / Kein Zeitpunkt genannt, Frage ist wichtig für JETZT – weißt du, was die Neuigkeit ist.
25. Oh no, you haven't defrosted the meat, now we have nothing to eat.
    PP Simple / Reaktion auf eine Beobachtung, die wichtig für JETZT ist.
26. Have you seen Martin *lately*? I haven't heard anything from him *for a while*.
    PP Simple / Signalwort lately.
27. Where have you been? I have been looking for you *all afternoon*!
    PP Simple / Continuous / Kein Zeitpunkt genannt + ich habe die ganze Zeit gesucht.
28. *When* we were in Paris, we saw the Eiffel tower, the Louvre and went on a boat tour on the Seine. ***SP / Zeitpunkt in der Vergangenheit genannt.***
29. How long has she been looking for a new flat? It seems a long time!
    PP Continuous / Sie sucht immer noch.
30. I have been working as a policeman *for* over ten years.
    PP Continuous / Er arbeitet immer noch in dem Beruf.
31. *For* 30 years, my parents have been living on the outskirts of Bremen, that's where I grew up. ***PP Continuous + SP / Sie wohnen noch immer dort + Zeitpunkt in der Vergangenheit, als ich aufwuchs = vorbei.***
32. Erik, where are you going? Have you finished your homework?
    PP Simple / Beobachtung wichtig für JETZT.
33. Helena has been playing online *for* over three hours now, I am going to switch the WIFI off! ***PP Continuous / Sie spielt immer noch.***
34. My husband played playstation *when* he was *a student*.
    SP / Zeitpunkt in der Vergangenheit genannt.
35. Wait, I have *just* been to the supermarket, let me put all the shopping away, then I can help you. *PP Simple / Ist wichtig für JETZT – Tüten stehen vor mir.*

*PP = PRESENT PERFECT, SP = SIMPLE PAST

ANSWER THE QUESTION

36-55/55 **LEISURE**
PRESENT PERFECT

36. Have you had a haircut? Yes, ______________________________
37. Has your sister come back from abroad? No, __________________
38. Have you and your family ever been to the USA? Yes, __________
39. How long have you been waiting? ______________________________
40. Has your mother been working since you were born? Yes, ______
41. What have you bought? _______________________

ASK QUESTIONS

42. Sind Sie gerade hergezogen? – ***just / to move***
43. Ist sie immer noch nicht aufgestanden? Es ist 12 Uhr! – ***still not / to get up***
44. Wo hast du meine Brille gesehen? – ***to see my glasses***
45. Seit wann wartest du schon? – ***since when / to wait***
46. Wir sind jetzt seit vier Tagen auf diesem Schiff – und ihr? – ***for 4 days / to be on the ship***
47. Was hast du mir vom Abendessen aufgehoben? – ***to keep/save from supper***

FIND & FIX THE MISTAKE

48. I work in this company for three years now.
49. Where you been?
50. They are married ever since I know them.
51. We are waiting for an hour. Where were you?
52. Look, she had a haircut, I like it.
53. They are been to the doctor, but are now back.
54. How long are you living here?
55. You met Thomas? What he said?

"miss the boat" ... **... „der Zug ist abgefahren"**

"a blessing in disguise" ... **... „Glück im Unglück"**

CHECK YOUR ANSWERS

36. **Have you had** a haircut? Yes, I have. / short answer / Aufgreifen, wie gefragt wurde. Hier wird das Hilfsverb *have* aufgegriffen; Situation: jemand bemerkt, dass die/der andere beim Friseur war.
37. **Has your sister come back** from abroad? No, she hasn't. / short answer, Situation: Ist sie *schon* zurück?
38. **Have you and your family** *ever* **been** to the USA? Yes, we have. / short answer; Signalwort *jemals = ever.*
39. How long **have you been waiting**? I have been waiting for… / Auf Fragen so antworten, wie gefragt wurde; hier PP Continuous, da die Betonung auf dem *Zeitraum des Wartens* liegt.
40. **Has your mother been working** since you were born? Yes, she has. / short answer; hier PP Continuous, da die Mutter noch immer arbeitet.
41. What **have you bought**? I have bought… / PP weil das Ergebnis wichtig ist für JETZT – die/der andere möchte sehen, was gekauft wurde!
42. Have you just moved here? / Situation: zwei Personen treffen zum 1. Mal.
43. Has she still not got up? It's 12 o'clock midday! / Situation: Teenager liegt im Bett.
44. Where have you seen my glasses? / Suchende/r weiß, die andere Person hat die Brille *vor Kurzem* gesehen.
45. How long have you been waiting? / Zeitraum, der bis jetzt andauert.
46. We have been on this ship four days now – what about you? / Zeitraum.
47. What have you **kept/saved** for me from dinner? / Bedeutung für JETZT Ich habe Hunger (und vermute, du hast etwas aufbewahrt). *(aufbewahren)*
48. I **have been working** ~~work~~ in this company for three years now. / Dauert an, arbeitet immer noch dort. Es ist ein häufiger Fehler, man versucht :1 zu übersetzen!
49. Where **have** you been? / Jemand kommt zur Tür herein, JETZT wichtig.
50. They **have been** ~~are~~ married ever since I **have** known them. / Keine 1:1-Übersetzung. *Verheiratet-Sein* dauert an…, *Kennen* dauert an…
51. We **have been** ~~are~~ waiting for an hour. Where were you? / Nicht 1:1 übersetzen – hier wird PP gebraucht.
52. Look, she **has** had a haircut, I like it. / JETZT fällt es mir auf, kein Zeitpunkt.
53. They **have** ~~are~~ been to the doctor, but are now back. / Wichtig für JETZT.
54. How long **have you been** ~~are you~~ living here? / Dauert noch an.
55. **Have you** ~~You~~ met Thomas? What **has** he said? / Fragen richtig stellen! PP korrekt bilden!

*PP = PRESENT PERFECT, SP = SIMPLE PAST

YOUR WORKOUT – YOUR TURN

BUSINESS

1-10/55 **BUSINESS**

PRESENT PERFECT SIMPLE

SAY IN ENGLISH

1. Wo ist Frau Meyer? Sie ist kurz zum **Baumarkt** gefahren!
   (DIY-store (Do It Yourself))
2. Haben Sie mein I-Pad irgendwo gesehen? Ich kann es nicht finden!
3. Ich bin sicher, Sie haben es in Ihrem Büro irgendwo abgelegt!
4. Haben Sie den Chef vor Kurzem gesehen?
5. Ich habe **leider** immer noch keine Bestätigung von Ihnen erhalten.
   (unfortunately)
6. Hat das Treffen schon angefangen?
7. Seit wann ist die Firma unser Caterer?
8. Die Unterlagen sind unterwegs, Paul hat sie am **Empfang** abgegeben!
   (reception)
9. Es tut mir leid, ich habe noch keine Entscheidung getroffen.
10. Zur Info: Das Treffen ist abgesagt worden.

1-10/55 **BUSINESS**
PRESENT PERFECT SIMPLE

1. Where is Ms Meyer? She has / she's just gone to the DIY-store. ***Bedeutung für Jetzt – wo ist sie? / Signalwort just drückt aus, dass etwas gerade passiert ist, sie ist vor Kurzem gegangen. Es gibt hier keinen Zeitpunkt, daher steht der Satz im PP.***

2. Have you seen my I-pad (anywhere)? I can't find it. ***Bedeutung für Jetzt – wo ist es? / Betonung auf der Suche. Hast du es gesehen... in den letzten Minuten/Stunden = Zeitspanne.***

3. I am sure, you've/ you have put it down in your office somewhere! ***Reaktion auf Suchenden / Bedeutung ist wichtig für Jetzt. Du hast es sicher irgendwo abgelegt. Hier fehlt auch der Zeitpunkt, um daraus einen Satz im Simple Past zu machen: You put in on the table* an hour ago.**

4. Have you seen the boss recently? ***Frage nach Zeitraum bis jetzt / in letzter Zeit...***

5. Unfortunately, I still haven't got / received a confirmation from you. ***Signalwort still not / Der Zeitraum ist möglicherweise die Bestellung bis jetzt.***

6. Has the meeting *already* started? ***Bedeutung für Jetzt / Signalwort already, hat vor Kurzem begonnen.***

7. *How long* has the company been our caterer? ***Signalwort since***

8. The files/documents are on their way. Paul has left them at the reception. ***Bedeutung für Jetzt / Offensichtlich fragt jemand nach den Unterlagen. Durch PP Betonung, dass sie vor Kurzem abgegeben wurden / Botschaft: Sie liegen dort bereit.***

9. I am sorry, I *still* haven't decided yet. ***Signalwort still not***

10. FYI: The meeting has been cancelled. ***Bedeutung für Jetzt / Botschaft: Es findet nicht statt = neue Information. Es ist kein Zeitpunkt genannt, sonst wäre SP die bessere Wahl gewesen: It was cancelled* this morning.**

▯ *PP = PRESENT PERFECT, SP = SIMPLE PAST

SAY IN ENGLISH

11-20/55 **BUSINESS**
PRESENT PERFECT CONTINUOUS

11. Das Meeting dauert seit Stunden an.

12. Wir warten seit Monaten auf die Lieferung der Einzelteile.

13. Sie denkt seit einiger Zeit darüber nach, ihre Stunden zu reduzieren.

14. Sie hatten eine gute Zeit als Kollegen und haben sie noch.

15. Wir haben seit Beginn von Corona Schwierigkeiten, unsere Produktion **aufrecht zu erhalten**. *(to maintain)*

16. Jetzt habe ich lange gesprochen – haben Sie Sie irgendwelche Fragen?

17. Wie lange arbeiten Sie schon als Abteilungsleiterin für uns?

18. Die Aktienkurse fallen seit Tagen.

19. Wir haben in den letzten Monaten nicht viel voneinander gesehen.

20. Jetzt streichen Sie schon seit Wochen das Gebäude, langsam reicht es!

CHECK YOUR ANSWERS

11-20/55 **BUSINESS**
PRESENT PERFECT CONTINUOUS

11. The meeting has been going on for hours.
Signalwort for / Zeitspanne, es dauert weiterhin an.

12. We've / we have been waiting for the delivery of the component parts for months. ***Zeitspanne / Wir warten immer noch auf die Teile.***

13. For a while, she's / she has been thinking about cutting down/ reducing her working hours. ***Zeitspanne / Es wird hier betont, dass sie seit einer Weile darüber nachdenkt, for a while kann auch am Satzende stehen. to think hier kein Zustandsverb.***

14. They have been having a good time as colleagues and still do have. ***Zeitspanne / Betonung, dass sie gut miteinander auskommen.***

15. Since Corona we've / we have been having problems to maintain our production. ***Zeitspanne / Die Schwierigkeiten dauern an. to have kommt als Hilfsverb und Vollverb vor.***

16. I have been talking fot a long time now – do you have any questions? ***Zeitspanne / Betonung darauf, dass die Person lange gesprochen hat.***

17. Since when / how long have you been working as department manager for us? ***Zeitspanne / Es dauert weiterhin an.***

18. Share prices have been going down for days.
Zeitspanne / Die Preise fallen weiter.

19. We haven't been seeing / we haven't seen much of each other in recent months. ***Zeitspanne / Betonung auf der Tatsache, dass man sich nicht viel getroffen = gesehen hat. Hier ist auch PP Simple denkbar.***

20. They have been painting this building for weeks – I've had enough. ***Zeitspanne / Sie sind nicht mit dem Streichen fertig. Beachte: Ende des Satzes PP Simple: Es reicht – I have had enough.***

*PP = PRESENT PERFECT, SP = SIMPLE PAST

FILL IN THE GAPS

21-35/55 **BUSINESS**
PRESENT PERFECT

21. The company ____________ ***(not yet, to decide)*** how many employees will be **laid off**. *(entlassen)*

22. ____________ ***(I, just to have)*** an **argument** with our IT manager, so things are not going to get easier for us. *(Auseinandersetzung)*

23. Since last Wednesday, the company ____________ ***(to be)*** in the news.

24. The headquarter ____________ ***(to release)*** the latest company update yesterday. *(veröffentlichen)*

25. The car sector ____________ ***(to have)*** problems, recently catching up with the **prior-year figures**. *(Vorjahreszahlen)*

26. The last CEO ____________ ***(not, to think)*** that sustainability ____________ ***(to be)*** an important issue, however, the new CEO does.

27. The sales figures ____________ ***(to fall)*** significantly for weeks now.

28. All staff ____________ ***(to leave)***. The cleaners can come in now.

29. I think I ____________ ***(to leave)*** the document folder on your desk yesterday. Can I get my secretary to **fetch** it now? *(holen, abholen)*

30. Listen, she ____________ ***(just, to speak)*** to me and ____________ ***(to ask)***, whether we could assign her to another project. What do you think?

31. Trust me – I ____________ ***(to put)*** forward our issue to the board members when I ____________ ***(to meet)*** them last Thursday.

32. I'll give you the job. You ____________ ***(to be)*** so **persistent**, it ____________ ***(to impress)*** me. *(hartnäckig)*

33. Last year, this department ____________ ***(to manage)*** several very difficult projects and we ____________ ***(to get)*** through it as a team. I want to thank everyone for their individual efforts.

34. The discussion so far ____________ ***(to show)*** that it is extremely unclear what we are aiming at.

35. Since this discussion ____________ ***(to go)*** on for so long now, I think we all need a break. Shall we meet again in, let's say, 90 minutes?

21. The company hasn't yet decided how many employees will be laid off. ***PP Simple / Noch ist keine Entscheidung gefallen = Zeitraum, man denkt seit gewisser Zeit über etwas nach.***
22. I have *just* had an argument with our IT manager, so things are not going to get easier for us. ***PP Simple / Signalwort just; gerade eben.***
23. *Since* last Wednesday, the company has been in the news. ***PP Simple / Signalwort since = seit / Zeitraum.***
24. The headquarter released the latest company update *yesterday*. ***SP / Zeitpunkt in der Vergangenheit genannt.***
25. The car sector has had / has been having problems, *recently,* catching up with the prior-year figures. ***PP Simple oder Continuous / Hier sind beide Sätze denkbar. has had = die Probleme haben aufgehört, has been having = die Probleme dauern an; je nachdem, was man betonen möchte.***
26. *The last* CEO didn't think that sustainability was / is an important issue, however, the new CEO does. ***SP / Zeitpunkt in der Vergangenheit genannt.***
27. ***The sales figures have been falling significantly for weeks now. / PP Continuous / Zeitraum und die Zahlen fallen noch immer.***
28. All staff have left. The cleaners can come in now. ***PP Simple / Situation: Information JETZT, alle Mitarbeiter sind (mittlerweile) gegangen.***
29. I think I left the document folder on your desk *yesterday*. Can I get my secretary to fetch it now? ***SP / Zeitpunkt in der Vergangenheit.***
30. Listen, she has spoken to me and has asked, whether we could assign her to another project. What do you think? ***PP Simple / Neue Information, die wichtig für JETZT ist – was wollen wir tun?***
31. Trust me – I put forward our issue to the board members when I met them *last* Thursday. ***SP / Zeitpunkt in der Vergangenheit genannt.***
32. I'll give you the job. You have been so persistent, it has impressed me. ***PP Simple / Die Tatsache, dass sie/er so hartnäckig war, hat zu dem Ergebnis geführt: neuer Job – Bedeutung für JETZT.***
33. *Last year,* this department managed several very difficult projects and we got through it as a team. I want to thank everyone for their individual efforts. ***SP / Zeitpunkt in der Vergangenheit genannt.***
34. The discussion *so far* has shown that it is extremely unclear what we are aiming at. ***PP Simple / bisher = Zeitraum.***
35. Since this discussion has been going on *for* so long now, I think we all need a break. Shall we meet again in, let's say, 90 minutes? ***PP Continuous / Zeitraum, der noch andauert; since hier: weil.***

*PP = PRESENT PERFECT, SP = SIMPLE PAST

ANSWER THE QUESTION

PRESENT PERFECT

36. Has she got the letter? Yes, ________________
37. Have Paul and Tim agreed to the **terms of use**? No, ________ *(Nutzungsbedingungen)*
38. Has it had any **implications** for our production? No, ________ *(Auswirkungen)*
39. Have we communicated the new **objective** to the team? Yes, ________ *(Zielsetzung)*
40. Why has Simon not told the truth? ________________
41. Has anybody seen my **fountain pen**? No, ________ *(Füllhalter)*

ASK QUESTIONS

42. Hast du das Meeting **überstanden**? *(to survive)*
43. Was habe ich Ihnen gerade gesagt?
44. Seit wann warten wir auf die Dokumente?
45. Haben sie uns nicht seit Jahren eine Verbesserung versprochen?
46. Hast du Peter heute gesehen?
47. Ist die Lieferung immer noch nicht eingegangen?

FIND & FIX THE MISTAKE

48. Sorry I can't go to the meeting because I broken my leg.
49. Martin, how long are you working for us now?
50. This is Ms Peters. She moved here now and will start on Monday.
51. Sorry Toby, I am waiting for the figures myself for two days now.
52. You seen the latest news? They said that VW will invest into e-mobility.
53. I work here as a managing consultant for three years.
54. We are working on this presentation for over two weeks now.
55. Where is Roger? – I am not seeing him around today.

"still waters run deep" ... **... „stille Wasser sind tief"**

"less is more" ... **...„weniger ist mehr"**

CHECK YOUR ANSWERS

36-55/55 **BUSINESS**
PRESENT PERFECT

36. **Has she got** the letter? Yes, she has. ***short answer / Antworten, so wie Frage gestellt wurde. Hier wird has aufgefriffen. Ist der Brief schon angekommen?***
37. **Have Paul and Tim agreed** to the terms of use? No, they haven't. ***Situation: Haben sie dem schon zugestimmt? Kein Zeitpunkt in Vergangenheit.***
38. **Has it had** any implications for our production? No, it hasn't. ***Aufgreifen, wie gefragt wurde. Bedeutung wichtig für JETZT: Auswirkungen?***
39. **Have we communicated** the new objective to the team? Yes, we have. ***Haben wir es schon kommuniziert?***
40. **Why has Simon not told** the truth? Because... ***Hier ist auch die Bedeutung für JETZT gegeben, offensichtlich hat er gelogen.***
41. **Has anybody seen** my fountain pen? No, I haven't.
short answer, kein Zeitpunkt in der Vergangenheit genannt.
42. Have you survived the meeting?
Situation: eine Person kommt gerade aus dem Meeting!
43. What have I just told you? ***Bedeutung für JETZT – gerade eben gesagt.***
44. How long have you been waiting for the documents?
Zeitraum, das Dokument ist immer noch nicht angekommen.
45. Haven't they been promising an improvement for years? ***Zeitraum, es wurde über eine lange Zeit Versprechungen gemacht, und immer noch.***

46. Have you seen Peter today?
    Vor kurzem – Bedeutung wichtig für JETZT Ist er überhaupt da?
47. Has the delivery still not arrived?
    Zeitraum, Paket noch nicht geliefert!
48. Sorry I can't go to the meeting because I **have** broken my leg. ***Vermeiden Sie den Fehler: broken kann nicht alleine stehen. / Hier PP: have broken!***
49. Martin, how long **have you been** ~~are you~~ working for us now? ***Typischer Fehler 1:1 übersetzt, aber hier ist es die Zeitspanne, steht im PP!***
50. This is Ms Peters. She **has just** moved here ~~now~~ and will start on Monday. ***Hier passt PP – es fehlt der Zeitpunkt, um SP zu verwenden.***
51. Sorry Toby, I **have been** ~~am~~ waiting for the figures myself for two days now. ***Typischer Fehler 1:1 übersetzt, aber hier ist es die Zeitspanne, steht im PP Signalwort for!***
52. **Have** you ~~You~~ seen the latest news? They **have** said that VW will invest into e-mobility. ***Auch hier kann seen nicht alleine stehen. (Fragen richtig stellen!) SP ist im 2. Satzteil denkbar (, da es sich auf die Nachrichten bezieht, die vorbei sind, aber auch PP wahrscheinlich.***
53. I **have been working** ~~work~~ here as a managing consultant for three years. ***1:1 übersetzt.***
54. We **have been** ~~are~~ working on this presentation for over two weeks now. ***1:1 übersetzt.***
55. Where is Roger? – I **have** ~~am~~ not **seen** ~~seeing~~ him around today. ***Keine Tätigkeit, sondern Feststellung (Zeitraum).***

▯ *PP = PRESENT PERFECT, SP = SIMPLE PAST

Well done! You deserve a little break! (PRESENT PERFECT)

hilarious = urkomisch
Humor ist bekanntermaßen Geschmacksache. Fest steht jedoch: Deutsche haben (eher) einen Hang zur Korrektheit und Engländer nehmen es mit (mehr) Humor. Das zeigte sich auch während der Corona-Krise. Während hierzulande Wörter wie *Abstandsvorschriftenverweigerer* entstanden, kreierten die Menschen in Great Britain neue Worte wie ***Covidiots*** (jemand, der sich nicht an die Auflagen hält) und ***Quarantini*** (Cocktail trinken in der Quarantäne).

Before you *go on* =weitermachen, take a deep breath!

Bonus-Material zum Buch

Liebe*r Leser*in,

bei unseren Büchern richten wir den Fokus stets auf die unmittelbare Anwendbarkeit des vermittelten Wissens in der Praxis. Mit diesem Ziel entstand in den vergangenen Jahren – basierend auf dem breiten Erfahrungsschatz der Autorin Birgit Kasimirski – ein einzigartiger Newsletter mit hilfreichen Übungen, Zusatzmaterialien und wertvollen Inhalten zum Thema „Englische Grammatik richtig anwenden".

Tragen Sie sich ein und erhalten Sie kostenlose Zusatzmaterialien und -Informationen und auch rechtzeitig Hinweise zu exklusiven Angeboten und Geschenkaktionen! Wir wünschen schonmal viel Erfolg!

Link zum kostenfreien Material:
https://www.klhe.de/sprache/newsletter-englische-grammatik/

5 FUTURE BIG 5

Zum Thema ZUKUNFT RICHTIG AUSDRÜCKEN möchte ich vor allem diese drei Zeiten ansprechen:

1. WILL FUTURE
2. GOING TO FUTURE
3. *PRESENT CONTINUOUS FUTURE*

Weiter hinten in diesem Kapitel folgen noch weitere Zeiten (4. – 7.), Doch ein Fokus liegt ganz klar auf den oben genannten, da sie in der Alltagssprache am häufigsten zur Anwendung kommen.

Die einfachste Form, Zukunft auf Englisch auszudrücken, ist WILL FUTURE. Es steht daher an erster Stelle. Grundsätzlich kann man sagen, dass viele Nicht-Muttersprachler ausschließlich WILL verwenden – und sie werden verstanden. Sie können das ebenso tun – mit WILL kommen Sie „durch". Sind Sie fortgeschritten und möchten Sie die richtige Verwendung der anderen Zukunftszeiten verstehen und diese anwenden lernen, dann finden Sie in diesem Kapitel Erklärungen dazu. Die Unterscheidung zwischen 1., 2. und 3. sind leicht verständlich und die Anwendung fällt in der Regel nicht allzu schwer. Sie können diese drei mit wenig Aufwand einüben.

Grundsätzlich gilt: Wenn ich über etwas spreche, das noch passieren *wird*, brauche ich grammatikalisch eine Form der Zukunft. Die Verwendung von 1., 2. oder 3. hängt von diesen Kriterien ab:

QUICK READER 1. WILL FUTURE

Kriterium: spontane Äußerungen, Vorhersagen, Vermutungen, die SprecherIn nicht beeinflussen kann, Angebote und Versprechen, wenn gemeint ist: wollen, bereit sein, wenn wir glauben, etwas wird so sein

I **will work** late today, I **will read** my book tonight, obviously she will **talk** to Dad, I **will drive** you to the gym, Wait, I **will write** him a message, I **will eat** it in a minute

QUICK READER 2. GOING TO FUTURE

Kriterium: etwas ist geplant, Absicht (Zeitpunkt noch unbekannt), SprecherIn ist entschlossen, logische Schlussfolgerung

I am **going to work** after school, I am **going to read** the new book after I have finished this one, she is **going to talk** for another ten minutes, he told me, I am **going to drive** down to London later this week, I am **going to write** a letter to my mom, I am **going to eat** in a restaurant after Corona is over

QUICK READER 3. PRESENT CONTINUOUS FUTURE

Kriterium: feststehende Termine, wenn bereits (mit einer anderen Person) Vorkehrungen / eine Abmachung (Arrangements) getroffen wurden, Zeitpunkt ist bekannt, häufig fragen wir damit nach Plänen unseres Gesprächspartners

I **am working** on Friday, I **am seeing** my aunt this weekend, we **are visiting** Dad tonight, I **am driving** to Amsterdam tomorrow evening, I **am sending** the as soon as I've finished it, what **are** you **having** for dinner tonight?

Die meisten Lernenden erinnern sich an WILL und GOING TO als Zeiten der Zukunft, aber selten ist bekannt, dass PRESENT CONTINUOUS sehr häufig im Sprachgebrauch vorkommt. Weil die Bildung von PRESENT CONTINUOUS den meisten Lernenden nicht schwerfällt, bedarf es nur wenig Aufwand, es in den aktiven Sprachgebrauch einzubinden.

THE ESSENTIALS

1. WILL FUTURE
   - wird gebildet aus WILL + INFINITIVE ***I will go, will see, will have ...***
   - bei Fragen kommt will an den Satzanfang ***Will you go?***
   - bei Verneinungen ***will not / won't***
   - abgekürzt sieht will so aus: ***I'll, you'll, they'll***

2. GOING TO FUTURE
   - wird gebildet ***am/is/are*** + GOING TO + INFINITIVE eines Vollverbs
   - ***I am going to see, she is going to meet, they are going to come***
   - bei Fragen steht ***am/is*** oder ***are*** am Satzanfang
   - bei Verneinungen wird ***not*** eingefügt
   - ***going to*** = Hilfsverb

3. *PRESENT CONTINUOUS FUTURE*
   - siehe auch Kap. 2
   - ***am/is/are*** + Verb mit ***–ing***
   - kein Unterschied in der Bildung zum „normalen" PRESENT CONTINUOUS (Kap. 2)
   - Dass es sich um Zukunft handelt, erfahren wir aus Zusätzen wie
   - ***tomorrow*** oder dem Kontext.

Bei GOING TO nicht das Vollverb vergessen! going fungiert als Hilfsverb! Es kann daher sein, dass go als Hilfs- und Vollverb auftaucht und auftauchen **muss**: *Wir haben vor, bald mal wieder ins Kino gehen.*

We ***are going to*** *go to the cinema soon.*

COMMON MISTAKES

- *WILL* wird im Sinne von *wollen* (*ich will*) verwendet, aber ***will*** = werde/n.
- Die abgekürzte Form von ***will (I'll, he'll)*** kann man nicht immer hören.
- Aber sie ist da, wenn über Zukunft gesprochen wird.
- Bei ***GOING TO*** wird das Vollverb (im INFINITIVE) vergessen und/oder ***am/is/are.***
- Es ist nicht bekannt, dass SIMPLE CONTINUOUS für Aussagen über Zukunft dient.

THIS IS HOW IT WORKS

1. WILL FUTURE

Aussage

I	**will come** with you.
You	**will fail** the exam.
He/she/it	**will be** ready soon.
We	**will see**.
You	**will meet** us there.
They	**will be** late.

Verneinung = not

will not (won't) come with you.
will not (won't) fail the exam.
will not be ready soon.
will not see.
will not meet us there.
will not be late.

Frage: Satzanfang !

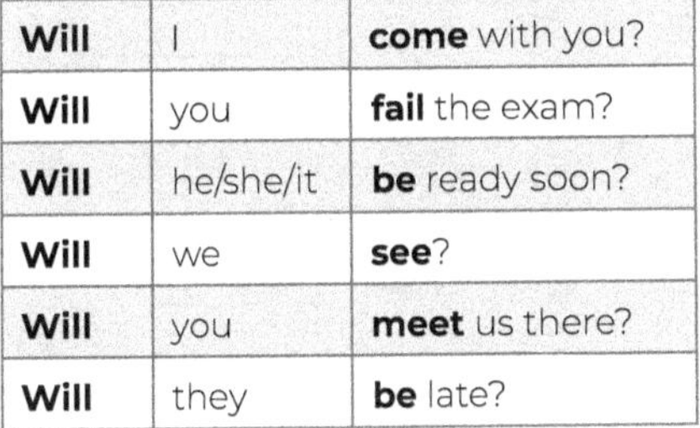

Will	I	**come** with you?
Will	you	**fail** the exam?
Will	he/she/it	**be** ready soon?
Will	we	**see**?
Will	you	**meet** us there?
Will	they	**be** late?

(Kurz-)Antwort

No,	you **will not (won't)**.
Yes,	you **will**.
No,	she **won't**.
Yes,	you **will**.
Yes,	we **will**.
No,	they **won't**.

! WILL benutzen wir also bei spontanen Idee: *Kommst du mit ins Kino?*, wenn wir ausdrücken, dass wir „bereit" sind und bei Vorhersagen: *I will come soon. It will rain this afternoon.* In den Beispielen oben sind keine verkürzten Formen aufgeführt, aber die Sätze könnten so aussehen: *I'll come with you.*

2. GOING TO FUTURE

 Aussage

I	am **going to study**.
You	are **going to be** late.
He/she/it	is **going to catch** a cold.
We	are **going to go** on holiday.
You	are **going to lose** the game.
They	are **going to win** the race.

Verneinung = not

am **not going to study**.
are **not going to be** late.
is **not going to catch** a cold.
are **not going to go** on holiday.
are **not going to lose** the game.
are **not going to win** the race.

 Frage: Satzanfang !

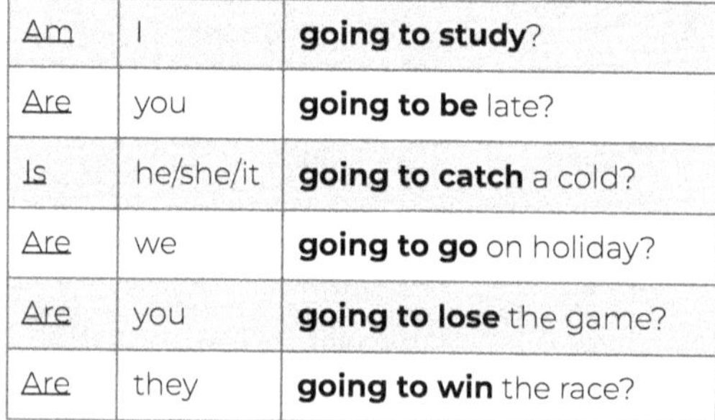

Am	I	**going to study**?
Are	you	**going to be** late?
Is	he/she/it	**going to catch** a cold?
Are	we	**going to go** on holiday?
Are	you	**going to lose** the game?
Are	they	**going to win** the race?

 (Kurz-)Antwort

Yes	, I am.
No,	you are not (aren't).
Yes	she is.
No,	we're not.
No,	you're not.
No,	they aren't.

- *to catch a cold:* sich erkälten

! Bei diesen Beispielen geht jemand davon aus, das Spiel wird verloren gehen, das Rennen wird gewonnen, denn er/sie schaut zu (Aspekt: absehbar). Sie wird eine Erkältung bekommen, denn sie hat keine Jacke an (logische Schlussfolgerung).

3. *PRESENT CONTINUOUS FUTURE*

 Aussage

 Verneinung = not

I	**am meeting**	Jim tomorrow.	**am not meeting**	Jim tomorrow.
You	**are sending**	the file by 2 p.m.	**are not sending**	the file by 2 p.m.
He/she/it	**is going**	on holiday.	**is not going**	on holiday.
We	**are flying**	to London at 5 a.m.	**are not flying**	to London at 5 a.m.
You	**are getting**	our answer tonight.	**are not getting**	our answer tonight.
They	**are serving**	sushi for lunch.	**are not serving**	sushi for lunch.

 Frage: Satzanfang !

 (Kurz-)Antwort

Am	I	**meeting** Jim tomorrow?	No,	you aren't.
Are	you	**sending** the file by 2 p.m?	Yes,	I am.
Is	he/she/it	**going** on holiday?	No,	she's (she is) not.
Are	we	**flying** to London at 5 a.m?	Yes,	we are.
Are	you	**getting** our answer tonight?	No,	you're not.
Are	they	**serving** sushi for lunch?	No,	they are not.

! Bei den Beispielen ist eine andere Person involviert und es sind Vorkehrungen getroffen (Aspekt: Es steht fest - Ticket ist gekauft, Urlaub ist gebucht, die Vorbereitungen für Sushi sind getroffen, es steht auf dem Menü). Eine Verwechslung mit PRESENT CONTINUOUS als Zeit, in der *gerade im Moment* des Sprechens etwas passiert (Kap. 2) kann nicht stattfinden, denn aus dem Kontext geht hervor: Es handelt es sich um zukünftige Dinge (tomorrow, tonight, ...).

- *to send by 2 p.m.:* bis 14 Uhr senden

PECULIARITIES

Viele werden sich möglicherweise fragen: *Warum war mir das bisher nicht klar?* Die Antwort ist diese: Die Zeiten werden in der Schule nicht nach einer Gewichtung *Wie wichtig sind sie im Sprachgebrauch?* gelehrt, sondern nach Lernplan. In diesem sind WILL, GOING TO, CONTINUOUS und FUTURE PERFECT enthalten, aber nur selten gibt es Zeit und Raum dafür, eine Gegenüberstellung vorzunehmen.

GOOD TO KNOW

Weitere Zeiten, um Zukunft auszudrücken sind:

1. SIMPLE PRESENT FUTURE

SIMPLE PRESENT – wie beschrieben in **Kap. 1.**

Wenn Zukunft damit ausgedrückt wird, handelt es sich um ***timetabled events***, also Dinge, die nach Fahrplan stattfinden, beispielsweise ***cinema* starts *at 8 p.m., the bus* leaves *at 7:45 a.m***. Weil das Kino jeden Abend um 8 beginnt und der Bus jeden Morgen um 7:45 fährt, kommt SIMPLE PRESENT zur Anwendung (generell, wiederkehrend). Dennoch ist der Satz: *Wann fährt der Bus heute Abend?* grammatikalisch eine Frage für die Zukunft. Richtiger Satz: ***When* does *the bus* leave *tonight?***

Tomorrow morning, school* starts *at 8:30.
Every Friday, the first yoga group* finishes *at 11 a.m.
Thursdays at 13 hours a group of dog owners* meets *near the sports club.

2. FUTURE PERFECT

PERFECT – siehe Bildung des Perfect in **Kap. 4**: ***have/has*** + 3. Form. FUTURE PERFECT wird so gebildet: ***WILL (not) + HAVE*** + 3. Form => ***will (not) have finished***

FUTURE PERFECT wird benötigt, um ausdrücken zu können, was zu einem Zeitpunkt in der Zukunft passiert sein wird (bevor etwas Anderes passiert). Beispielsweise: Ich werde mit meiner Arbeit nicht fertig sein, wenn ihr nach Hause kommt. I **will not have finished** ***my work by the time you get back.*** Diese Sätze bilde ich – selbst in meiner Muttersprache – eher selten.

The neighbours are coming at 8 p.m. I ***will have prepared*** *everything by then.*

In three years' time, ***I'll have graduated*** *from university.*
We ***will have completed*** *the assembly of the machine before next Monday.*

3. FUTURE WILL BE DOING

Ähnlich wie FUTURE PERFECT spricht ***WILL BE DOING*** einen bestimmten Zeitpunkt in der Zukunft an, beispielsweise heute Abend zwischen 18 und 20 Uhr:

WILL BE + VERB+ ***-ing*** => ***Tonight, between 6 and 8 p.m., I*** **will be watching** ***a film.***

Der Fokus liegt dabei auf einer Zeitspanne (Konzept CONTINUOUS). CONTINUOUS im Englischen bezieht sich immer auf eine Zeitspanne, in diesem Fall auf einen bestimmten Zeitraum in der Zukunft. Man kann es sich so vorstellen, als ginge gedanklich ein Fenster auf und die/der Sprechende/Zuhörende sieht bildlich vor sich, was jemand tun wird:

Next Saturday, I ***will be staying*** *in bed all morning.*
We ***will be celebrating*** *my husband's 50th birthday at the weekend – and after the party we* ***will be clearing up.***
The children ***will be spending*** *time with the grandparents next week.*

! Natürlich könnte das auch anders ausgedrückt werden (z.B. mit ***GOING TO***), aber ***WILL BE DOING*** legt den Fokus, die *Betonung*, auf eben diesen Zeitraum und die Tätigkeit!

4. MODALS

Die Modalverben sind: ***can/could, may/might, must, shall/should, will/would.*** Wenn wir nicht sicher sind, was wir machen werden (Zukunft), können wir ***may, might oder could*** benutzen. Wenn wir davon ausgehen, dass etwas mit großer Wahrscheinlichkeit geschehen wird, können wir ***should*** verwenden. Hinter einem Modalverb steht *immer* ein INFINITIVE (1. Form):

I ***might*** *stay longer, if you like.*
You ***may*** *take the later bus.*
We ***could*** *meet Tom in the canteen, he sometimes eats there.*
They ***should*** *be home by 9, because they left work at 8:30.*

! Die vielen Möglichkeiten, Zukunft auszudrücken, sollen Sie nicht verwirren! Mein Tipp ist: konzentrieren Sie sich – zunächst - auf ***WILL, GOING TO*** und PRES-

ENT CONTINUOUS. Vielleicht hilft diese Info: *FUTURE PERFECT* und *FUTURE WILL BE DOING* kommen weit seltener im täglichen Sprachgebrauch vor und SIMPLE PRESENT und MODALS verwenden viele Lernende ganz automatisch richtig, ohne darüber nachdenken zu müssen.

GOOD TO KNOW

Die hier vorgestellten Zeiten für die Zukunft sind Optionen! Ich möchte betonen, dass in vielen Fällen mehr als eine Zeit passen kann. Weil Sprache und die damit verbundenen Intentionen (Kriterium: geplant, nicht geplant) sehr individuell sind, möchte ich nicht sagen: A ist falsch, B ist richtig. Vielmehr geht es darum, ein Gespür zu entwickeln, warum ein Native English Speaker das Eine möglicherweise eher mit WILL und das Andere eher mit PRESENT CONTINUOUS ausdrückt. Ihr Ziel ist es, so gutes Englisch wie möglich zu sprechen. Dennoch: Finden Sie die Informationen in diesem Kapitel zu verwirrend und wird es Ihnen gefühlt „zu viel", dann verwenden Sie bitte WILL für zukünftige Handlungen – und ich versichere Ihnen, man wird Sie verstehen. Wie bei allem anderen gilt: jede/r soll in ihrem/seinem Rhythmus lernen.

Die Pause an dieser Stelle haben Sie sich verdient! This is hard stuff.

 Have a break! Time for a cup of tea or coffee...

BEFORE YOU START THE WORKOUT

LET'S RECALL: FUTURE

- Neben WILL FUTURE gibt es weitere Zeiten, die Zukunft ausdrücken.
- PRESENT CONTINUOUS (Arrangements) wird regelmäßig verwendet.
- Kennen Sie viele Formen = gute Sprachkompetenz
- Es gibt immer mehr als eine Option, Sprache ist individuell.
- **Signalwörter**: alles, was auf Zukunft verweist wie ***tomorrow, next year/ week/month, later etc.***

 Warm-up: stretching = get ready!

HINWEIS

Die Übungen in diesem Kapitel umfassen alle Zeiten der Zukunft – dabei sind Sie aufgefordert, zu entscheiden: Welche der oben genannten Zeiten passt am ehesten?

Die Aufaben werden deutlich veranschaulichen, worin genau die Unterschiede der einzelnen Zeitformen liegen. Sie finden in den Lösungen meine Erklärung zu jedem Beispiel.

Weil *WILL* einfach zu bilden ist, habe ich diese Zeit eher sparsam verwendet. Wie aber bereits erwähnt, würden Sie mit WILL immer „durchkommen", also in Unterhaltungen wird Sie niemand zurechtweisen. Tatsächlich kommen aber alle aufgeführten Zeiten im Sprachgebrauch vor. Machen Sie sich die Mühe und versuchen Sie, das Prinzip zu verstehen. Das ist ein großer Schritt, um gutes Englisch zu sprechen.

"fake it till you make it" ... ... „tu als ob, bis du es kannst"

"give it a try" ... ... „versuch' es"

Persönliche Notizen

YOUR WORKOUT – YOUR TURN

LEISURE

1-10/50 **LEISURE** 5

FUTURE TENSES (MIXED)

WÄHLEN SIE DIE FUTURE TENSE, DIE AM BESTEN PASST!

SAY IN ENGLISH

1. Ich werde die **Corona-Regelungen** nie verstehen.
   never / to understand (regulations, rulings)

2. Der 1. FC-Köln bekommt zum 1. Juli einen neuen Trainer.
   as of 1st July / to get

3. Was macht eure Tochter nach der Schule? – Sie wird studieren gehen.
   to do after school

4. Vergiss nicht, am Sonntag treffen wir Tom und Marie in der Stadt.
   don't forget / to meet

5. Was sagt der Wetterbericht für kommende Woche? Wird es regnen?
   to rain

6. Ich glaube, Frankreich wird die **Weltmeisterschaft** noch einmal gewinnen.
   to win again (World Championship, World Cup)

7. Morgen früh nehme ich den Bus zur Schule.
   to take the bus

8. Wirst du morgen Nachmittag, wenn ich nach Hause komme, arbeiten?
   to work / when I get home

9. Wann beginnt der Film? Ich möchte den Anfang nicht verpassen.
   to start / not to miss

10. Vielleicht übernachte ich morgen Abend bei Tina.
    to sleep over

CHECK YOUR ANSWERS

1-10/50 **LEISURE**

FUTURE TENSES (MIXED)

1. I will never understand the Corona regulations. ***WILL / Ich glaube, dass es so sein wird; verwenden Sie WILL, wenn Sie sich über etwas äußern, dass – wie Sie glauben – so sein wird.***

2. (The) FC Cologne is getting a new trainer as of 1st July. ***PRESENT CONTINUOUS / Abmachung zwischen Personen, Zeitpunkt ist bekannt; es sind sicher bereits Vorkehrungen getroffen, Gelder sind geflossen, Verträge sind unterschrieben.***

3. What is your daughter doing after school? - She is going to study. ***PRESENT CONTINUOUS + GOING TO / Frage nach Plänen des Gesprächspartners + Plan, Absicht, Zeitpunkt noch unbekannt; Die Frage nach Plänen wird oft mit CONTINUOUS gestellt, aber es wäre nicht falsch zu fragen: What will she do / is she going to do after school.***

4. Don't forget, on Sunday we are meeting Tom and Marie in town. ***PRESENT CONTINUOUS / Abmachung zwischen Personen, Zeitpunkt ist bekannt.***

5. What is the weather forecast predicting for next week? Will it rain? ***WILL / Vorhersage.***

6. I think, France will win the World Cup again/once more. ***WILL / Ich glaube, dass es so sein wird.***

7. I am going to take the bus to school tomorrow morning. ***GOING TO / Entschlossenheit, Absicht.***

8. Will you be working tomorrow afternoon when I get home? ***WILL BE DOING / ganz bestimmtes Zeitfenster in der Zukunft.***

9. When does the film start? I don't want to miss the beginning. ***SIMPLE PRESENT / Fahrplan.***

10. I might sleep over at Tina's. ***MODAL / Ich bin unsicher, ob ich es mache oder nicht.***

SAY IN ENGLISH

11-20/50 **LEISURE** 5
FUTURE TENSES (MIXED)
WÄHLEN SIE DIE FUTURE-TENSE, DIE AM BESTEN PASST!

11. Welche Filme bringen sie diesen Donnerstag im Kino neu raus?
to release this Thursday

12. Tom wird dir diese Woche bei den Hausaufgaben helfen.
to help with your homework

13. Wann fährst du (nach Süden) nach London?
to drive down to London

14. Mir **reicht es!** Ich glaube, ich springe noch kurz bei der **Drogerie** rein und fahr dann nach Hause.
to pop in to / to drive home (I've had enough, chemist's, drugstore)

15. Die Hosen sollten bis Freitag hier sein.
to be here by Friday

16. Ich werde mit **Aufräumen** fertig sein, wenn du von der Arbeit kommst.
to finish cleaning up (cleaning up)

17. Kommen Sie noch mit uns ins Pub?
to join us to the pub

18. Verflixt, ich habe den Bus verpasst – jetzt werde ich zu spät zum Training kommen!
to miss the bus / to be late (damn)

19. Ich muss los, mein Kurs beginnt in 20 Minuten.
have got to go / to start

20. Ich werde mir dieses Jahr eine neue Arbeitsstelle suchen.
to look for a new job

11-20/50 **LEISURE**
FUTURE TENSES (MIXED)

11. Which films is the cinema releasing this Thursday?
PRESENT CONTINUOUS / steht fest, Zeitpunkt steht fest, Filme sind eingekauft, is bezieht sich auf das cinema = it.

12. Tom is going to help you with your homework this week.
GOING TO / Absicht, Plan.

13. When are you driving down to London?
PRESENT CONTINUOUS / Frage nach Plänen des Gesprächspartners.

14. I've had enough! I think I'll just pop in to the chemist's and will drive home after that. *WILL / spontane Entscheidung.*

15. The trousers should be here by Friday.
MODAL / Es wird mit großer Wahrscheinlichkeit so sein.

16. I will have finished cleaning up by the time you get home.
FUTURE PERFECT / zum Zeitpunkt des nach-Hause-Kommens wird etwas Anderes - Aufräumen – erledigt sein.

17. Will you join us to the pub?
WILL / spontane Frage.

18. Damn, I've missed the bus, I am going to be late for the training!
GOING TO / absehbar, Resultat.

19. I've got to go, my course starts in 20 minutes.
SIMPLE PRESENT / Fahrplan.

20. I am going to look for a new job this year.
GOING TO / Absicht, Plan, ohne festen Zeitpunkt.

"to be out for the count" ... **... „extrem müde sein, fest schlafen"**

"add insult to injury" ... **... „Salz in die Wunde streuen"**

FILL IN THE GAPS

21-35/50 **LEISURE**5
FUTURE TENSES (MIXED)
WÄHLEN SIE DIE FUTURE-TENSE, DIE AM BESTEN PASST!

21. If you need it so **urgently**, I ____________ *(to go)* to the supermaret after I have finished work, alright? *(dringend)*
22. What time ___________________ *(to start)* school tomorrow morning?
23. We ____________ *(to meet)* David at the weekend, but I haven't heard from him yet.
24. We ____________ *(to meet)* my parents tonight, don't forget!
25. There's no milk left – I ___________ *(to* **fetch***)* some from **next door**? *(holen, nebenan)*
26. Mary ____________ *(not, to be able)* to join us this year, she ________________ *(to get married)* sometime after the school break.
27. We __________________ *(to be)* late if you don't **hurry up**. *(sich beeilen)*
28. By the time we get there, it _________________ *(to rain)*, I hope.
29. I _______________ *(to work)* tomorrow morning from 10-12, so unfortunately, I _____________ *(not, to be able to)* join you for lunch.
30. When ____________________ *(you, to leave)* for Paris?
31. I have lost my **power cord / charging cable**, so I ___________ *(to get)* myself a new one tomorrow. *(Ladekabel)*
32. The opera ___________ *(to start)* at 20:30 hours tonight. _________________ *(you, to* **pick** *me* **up***)* at 19 hours? *(abholen)*
33. I have studied a lot, but I still believe the class test ___________________ *(to be)* very difficult.
34. What ________________ *(your son, to do)* after he has finished school? ______________ *(he, to study)*?
35. I _________________ *(not, to see)* much of you this month, since I ______________ *(to work)* a lot.

"as dumb as a dodo" ... **... „dumm wie Bohnenstroh"**

21-30/50 **LEISURE**

FUTURE TENSES (MIXED)

21. If you need it so urgently, I will go to the supermarket after I have finished work, alright? ***WILL / Ist hier die naheliegendste Option, denn es ist eine spontane Entscheidung – der andere braucht etwas? Ok, dann hole ich es.***
22. What time does school start tomorrow morning? ***SIMPLE PRESENT / Achtung Fehlerquelle: Frage stellen. Es handelt sich um einen Fahrplan.***
23. We might meet David at the weekend, but I haven't heard from him yet. ***MODAL / Etwas steht noch nicht fest, es könnte passieren, dass wir David treffen, oder auch nicht, daher ist might hier eine gute Option.***
24. We are meeting my parents tonight, don't forget! ***PRESENT CONTINUOUS / Hier ist ein Treffen mit anderen Personen abgemacht und fest geplant.***
25. There's no milk left – I'll fetch some from next door. ***WILL / Spontaner Entschluss, der Blick in den Kühlschrank zeigt, es ist keine Milch da.***
26. Mary will not be able to join us this year, she is getting married sometime after the school break. ***WILL + PRESENT CONTINUOUS / Hier wird WILL benutzt, weil man glaubt, dass es so kommen wird, und Continuous ist eine mögliche Option, da Termin und Vorbereitungen zur Hochzeit an sich schon feststehen.***
27. We are going to be late if you don't hurry up. ***GOING TO / eine logische Schlussfolgerung, absehbar – wenn du trödelst, werden wir zu spät kommen.***
28. By the time we get there, it will have stopped raining, I hope. ***FUTURE PERFECT / Etwas (der Regen) wird aufgehört haben, wenn wir ankommen.***
29. I will be working tomorrow morning from 10-12, so unfortunately, I am not going to be able to join you for lunch. ***WILL BE DOING + GOING TO / es ist ein festes Zeitfenster, in dem ich etwas tue, so betone ich, dass ich beschäftigt sein werde + logische Schlussfolgerung: Mittags kann ich nicht dabei sein.***
30. When are you leaving for Paris? ***PRESENT CONTINUOUS / Annahme, dass die Vorkehrungen schon getroffen sind + Frage nach Plänen des Gesprächspartners.***

31-35/50 **LEISURE**

FUTURE TENSES (MIXED)

31. I have lost my power cord/charging cable, so I will get /am going to get myself a new one tomorrow. ***WILL oder GOING TO / Wie erwähnt, gibt es manchmal mehrere Optionen, WILL wäre der spontane Entschluss, GOING TO die Absicht, der Plan, morgen ein neues Kabel zu kaufen.***

32. The opera starts at 20:30 tonight. Will you pick me up at 19:00? ***SIMPLE PRESENT + WILL / Der Beginn der Vorstellung ist ein Fahrplan, die Frage ob ich abgeholt werde, ist eine spontane.***

33. I have studied a lot, but I still believe the class test is going to be very difficult. ***GOING TO / Hiermit wird die Schlussfolgerung ausgedrückt – ich weiß, wie schwer das Thema ist – trotz vieler Vorbereitung, es wird schwer werden.***

34. What is your son going to do after he has finished school? Is he going to study? ***GOING TO / Hier wird nach Absichten/Plänen des Sohnes gefragt, daher ist das eine gute Option. Vermutlich gibt es noch keine festen Vorkehrungen, er hat sich noch nirgendwo eingeschrieben.***

35. I will not be seeing/will not see much of you this month, since I will be working/I will work a lot. ***WILL BE DOING oder WILL / In beiden Fällen glauben wir, dass es so kommen wird – wir werden wenig Zeit haben. WILL BE DOING betont diesen Umstand noch!***

“blow your own trumpet“ ... **... „Eigenlob stinkt“**

“the ball is in your court“ ... **... „du bist dran, deine Entscheidung”**

Persönliche Notizen

ANSWER THE QUESTION

36-50/50 **LEISURE** 5

FUTURE TENSES (MIXED)

WÄHLEN SIE DIE FUTURE-TENSE, DIE AM BESTEN PASST!

36. Are you going to be in tonight? Yes, ______________________
37. Will you get a new car this year? Yes, ______________________
38. Are you coming on Friday? No, ______________________
39. Will you have finished work at 5 p.m.? Yes, ______________________
40. Will he be working all this afternoon? No, ______________________
41. What time does the play start? ______________________
42. Might we see you next week? No, ______________________

FIND & FIX THE MISTAKE

43. We meet in town later today.
44. The bus is leaving at 8:15, the timetable says.
45. Mom will finished working when we get home.
46. The boys going to London after school.
47. Will he comes to the pub with us?
48. I collect the puppy tomorrow afternoon.
49. My brother will starting an **apprenticeship**. *(Ausbildung)*
50. Bob will marry this summer.

CHECK YOUR ANSWERS

36-50/50 **LEISURE**

FUTURE TENSES (MIXED)

Wie immer lautet auch hier die Grundregel: Am einfachsten ist es, auf Fragen so zu antworten, wie gefragt wurde (short answer). Natürlich gibt es andere Optionen, wie jemand antworten könnte.

36. **Are** you going to be in tonight? Yes, I am; Yes, I probably will be. ***Die Antwort I probably will be drückt aus, dass der Sprecher glaubt, es wird so sein.***
37. **Will** you get a new car this year? Yes, I will; Yes, I am getting it in March. ***I am getting it drückt aus, dass der Zeitpuntk der Übergabe schon feststeht.***
38. **Are** you coming on Friday? No, I'm not; No, I'm sorry.
39. **Will** you have finished work at 5 p.m.? Yes, I will.
40. **Will** he be working all this afternoon? No, he won't; No, he finishes at 2 p.m. ***Die Antwort he finishes drückt aus, dass er (Fahrplan) immer um 14 Uhr Feierabend hat.***
41. **What time** does the play start? It starts at 20:30. **Offene Frage, hier ist eine Information gefordert.**
42. **Might** we see you next week? No, I'm sorry, I will not be here; No, I am visiting my friends next week. ***Die Antwort I am visiting drückt aus, dass für den Besuch schon Vorkehrungen getroffen wurden.***
43. We ~~meet~~ **will meet/are meeting** in town later today. ***Vermeiden Sie diesen typischen Fehler – die 1:1-Übersetzung aus dem Deutschen, dadurch wird keine Zukunft ausgedrückt!***
44. The bus ~~is leaving~~ **leaves** at 8:15, the timetable says. ***Beste Option: Fahrplan = SIMPLE PRESENT.***
45. Mom ~~will finished~~ **will have finished** working when we get home. ***Nicht das Hilfsverb have vergessen.***
46. The ~~boys going~~ **boys are going to** London after school. ***Vermeiden Sie den typischen Fehler are zu vergessen.***
47. Will he ~~comes~~ **come** to the pub with us? ***Nach WILL steht immer ein INFINITIVE! (Grundform).***
48. I ~~collect~~ **am going to collect** the puppy tomorrow afternoon. ***Vermeiden Sie diesen typischen Fehler – die 1:1-Übersetzung aus dem Deutschen, dadurch wird keine Zukunft ausgedrückt!***
49. My brother ~~will starting~~ **will start** an apprenticeship. ***WILL drückt hier aus, dass der/die Sprechende glaubt, dass es so ein wird, vermutlich steht noch nicht fest wo und wann und hinter will steht immer ein/e INFINITIVE/Grundform!***
50. Bob ~~will marry~~ **is getting married** this summer. ***Der Zeitpunkt steht vermutlich schon fest, daher ist es eine feststehende Zukunft.***

YOUR WORKOUT – YOUR TURN

BUSINESS

1-10/50 **BUSINESS** 5

FUTURE TENSES (MIXED)

WÄHLEN SIE DIE FUTURE-TENSE, DIE AM BESTEN PASST!

SAY IN ENGLISH

1. Das wird unsere **Vorzeigemarke** werden. *(flagship brand)*

2. Unsere **Erweiterung** wird viele **Wettbewerber** nervös machen. *(expansion, competitors)*

3. Wann kommt Peter aus Paris zurück?

4. Wann beginnt unser Verhandlungs-Meeting?

5. In unserer Sitzung werden wir alle Punkte noch einmal **überarbeiten**. *(to go over)*

6. Die Ware wird bis morgen Mittag geliefert worden sein, so die Ankündigung des Zulieferers.

7. Das werden wir morgen während des Meetings ausführlich diskutieren!

8. Ich habe mich noch nicht entschieden, vielleicht **stelle** ich eine zusätzliche Mitarbeiterin **ein**. *(to recruit)*

9. Das Geschäftsjahr wird aufgrund von Corona schwierig werden, ich hoffe, Sie bleiben dennoch alle optimistisch!

10. Nun, da uns die Zahlen nicht vorliegen, werden wir die Verhandlungen **verschieben** müssen. *(postpone)*

1-10/50 **BUSINESS**
FUTURE TENSES (MIXED)

1. This is going to become/be our flagship brand.
GOING TO / Firma ist entschlossen, dass es so kommen wird, Vorhaben!

2. Our expansion will make many competitors nervous.
WILL / Drückt aus, dass man daran glaubt, dass es so kommen wird.

3. When is Peter coming back from Paris? *PRESENT CONTINUOUS / Peter hat sicher Vorkehrungen getroffen (Zugticket, Flugticket), so der Zeitpunkt seiner Rückreise steht fest.*

4. When does our negotiation meeting start? *SIMPLE PRESENT / Fahrplan, Beginn des Meetings folgt einer zeitlichen Agenda.*

5. During our meeting we are going to go over all items again.
GOING TO / Drückt einen Plan, eine Absicht aus.

6. The goods will have been delivered by tomorrow midday, the supplier has announced. *FUTURE PERFECT / Drückt aus, wann die Lieferung erfolgt sein wird.*

7. We will be discussing this point in detail during our meeting tomorrow! *WILL BE DOING / Drückt aus, dass in einem bestimmten Zeitfenster – während des Meetings – das Thema zur Sprache kommt, besondere Betonung auf den Vorgang des Diskutierens.*

8. I haven't decided yet, I might recruit another member of staff.
MODAL / Es drückt aus, dass der Sprecher noch unschlüssig ist.

9. This business year is going to be difficult due to Corona, I still hope that you are all going to stay optimistic! *GOING TO / Es ist eine logische Schluss- folgerung – ausgelöst durch Corona + drückt aus, dass der/die Sprechende hofft, die MitarbeiterInnen sind entschlossen, positiv zu bleiben!*

10. Well, since we haven't got the figures, we will have to postpone the negotiations. *WILL / Hier handelt es sich um eine spontane Entscheidung – Achtung: Hinter will muss ein INFINITIVE stehen, aber es kann kein 2. Modalverb folgen (must), daher muss die Ersatzform have to verwendet werden (must = have to).*

SAY IN ENGLISH

11-20/50 **BUSINESS** 5
FUTURE TENSES (MIXED)
WÄHLEN SIE DIE FUTURE-TENSE, DIE AM BESTEN PASST!

11. Bitte bleiben Sie am Apparat, ich verbinde Sie.
12. Können Sie mir sagen, wann Mr. Smith zurück sein wird?
13. Zuerst werde ich Ihnen einen Überblick über unser Unternehmen geben und Ihnen dann die Struktur der **Schadensabteilung** vorstellen. *(claims department)*
14. Vermutlich hat Colin uns bis nächste Woche immer noch nicht gesagt, ob er seine Bewerbung abgegeben hat.
15. Wir können es leider nicht ändern, wir werden die neue Geschäftsleitung **hinnehmen** müssen. *(to put up with)*
16. Susan wird in den kommenden Wochen an unserem Marken- Image arbeiten.
17. Ich werde Ihnen die Dokumente zusenden, sobald mein **Vorgesetzter** sie unterzeichnet hat. *(line manager, boss)*
18. Wie Sie alle wissen, **versammeln** wir uns morgen pünktlich um 10 Uhr vor dem Haupteingang. *(to gather)*
19. Ich bin gespannt, wer die besten neuen Ideen **vorbringen** wird! *(to bring up)*
20. Wir erhalten die neuen **Vorgaben** kommenden Montag. *(requirements, instructions)*

11-20/50 **BUSINESS**
FUTURE TENSES (MIXED)

11. Hold on please, I'll put you through.
    WILL / Standard-Ausdruck, ich verbinde Sie = eine spontane Aussage.
12. Please can you tell me, when is Mr Smith going to be back? ***WILL oder GOING TO / going to drückt aus, dass der Fragende vermutet, sein Gegenüber weiß, wann Mr Smith beabsichtigt, zurück zu sein.***
13. First of all, I am going to give you an overview of our company and then a presentation of the claims department. ***GOING TO / Absichtserklärung, so soll der Vortrag ablaufen.***
14. Presumably, Colin will still not have told us by next week, whether he has submitted his application! ***FUTURE PERFECT / Drückt aus, was er – bis zu einem Zeitpunkt - sicher nicht getan haben wird.***
15. I'm afraid, we can't change it, we will have to put up with the new management. ***WILL / Drückt aus, dass wir glauben So wird es kommen, wir können nichts dagegen tun; Achtung: Hinter will muss ein INFINITIVE stehen, aber es kann kein 2. Modalverb folgen (must), daher muss die Ersatzform have to verwendet werden (must = have to).***
16. Susan will be working on our brand image in the coming weeks. ***WILL BE DOING / Die Tätigkeit wird in einem bestimmten Zeitfenster erfolgen.***
17. I'll be sending/ am going to send you the documents, as soon as my line manager has signed them. ***WILL BE DOING oder GOING TO / WILL BE DOING würde hier den Vorgang / das Zeitfenster betonen (direkt nachdem der Chef unterschrieben hat), es unterstützt die Dringlichkeit; GOING TO erklärt die Absicht, die Schlussfolgerung.***
18. As you know, we are gathering tomorrow at 10 am on time in front of the main entrance. ***PRESENT CONTINUOUS / Feststehende Zukunft, alle wissen Bescheid, die Einladungen zum Treffen wurden verteilt.***
19. I'm curious about who is going to bring up new ideas! ***GOING TO / Erwartung, dass Teilnehmer die Absicht / den Plan haben werden, ihre Ideen vorzustellen.***
20. We are getting the requirements next Monday. ***PRESENT CONTINUOUS / Feststehende Zukunft, es ist abgesprochen (davon gehe ich hier aus).***

FILL IN THE GAPS

21-35/50 **BUSINESS** 5
FUTURE TENSES (MIXED)
WÄHLEN SIE DIE FUTURE-TENSE, DIE AM BESTEN PASST!

21. We have put so much effort into this brand, it ____________ ***(to be)*** a big success for our company.
22. Hold on, I am just letting Mary know that we_______________ ***(to be)*** late.
23. Don't worry, you can call me while I am in the car, I _______________ ***(to talk)*** via my hands-free system.
24. Susan, ______________ ***(to work)*** on Friday? I could do with some help doing the taxes.
25. Please pass on all emails on to my home email-account, I _________________ ***(to work)*** from home this afternoon.
26. Don't worry, we _______________ ***(to solve)*** your computer problem before your online training session starts!
27. The files ___________ ***(to arrive)*** in time, Mary has just told me, she sent a courier an hour ago.
28. Tom, if you like, we can discuss this in the next meeting, which we _______________ ***(to have)*** next week, same time as today.
29. Sandy, could you please get Phil to call me on the mobile, he needs my `go-ahead` and I ______________ ***(to leave)*** for Munich in an hour. Tell him, I ______________ ***(to sit)*** in a taxi between 14:30 and 14:50 hours.
30. It looks as if Peter isn't coming back, so we ______________ ***(to hire)*** an interim manager for the coming months.
31. Hey Bob, could we talk during lunch, I ___________ ***(to be)*** in the canteen in half an hour.
32. We ______________ ***(to discuss)*** the profit margin tomorrow morning, it's the first point on our agenda.
33. Our weekly meeting tomorrow ______________ ***(to start)*** at 8 a.m. and _____________ ***(to finish)*** at 9:30.
34. Karen, could you please make a reservation at the Bluebell for tonight, 8:30, I ________ ***(to need)*** a table, if not, I _________ ***(to cancel)*** it myself.
35. Please remember, the colleagues from headquarters _______________ ***(to visit)*** this afternoon. Who ______________ ***(to show)*** them around?

CHECK YOUR ANSWERS

21-30/50 **BUSINESS**
FUTURE TENSES (MIXED)

21. We have put so much effort into this brand, it should be a big success for our company. ***MODAL / Drückt aus, dass Sprecher davon ausgeht, dass es mit großer Wahrscheinlichkeit so kommt.***
22. Hold on, I am just letting Mary know that we are going to be late. ***GOING TO / Es ist absehbar, dass sie zu spät kommen werden.***
23. Don't worry, you can call me while I am in the car, I will be talking via my hands-free system. ***WILL BE DOING / Das Zeitfenster ist genau festgelegt – während der Autofahrt.***
24. Susan, are you working on Friday? I could do with some help doing the taxes. ***PRESENT CONTINUOUS / Erkundigung nach den Plänen des Gesprächspartners – Arbeitsplan steht schon fest, feststehende Zukunft.***
25. Please pass on all emails on to my home email-account, I will be working from home this afternoon. ***WILL BE DOING / Zeitfenster.***
26. Don't worry, we will have solved your computer problem before your online training session starts! ***FUTURE PERFECT / Etwas wird erledigt sein, bevor etwas Anderes passiert.***
27. The files are going to arrive in time, Mary has just told me, she sent a courier an hour ago. ***GOING TO / Etwas ist absehbar.***
28. Tom, if you like, we can discuss this in the next meeting, which we are having next week, same time as today. ***PRESENT CONTINUOUS / Feste Absprache zwischen zwei Parteien, Ort und Zeit sind gebucht.***
29. Sandy, could you please get Phil to call me on the mobile, he needs my `go-ahead` and I am leaving for Munich in an hour. Tell him, I will be sitting in a taxi between 14:30 and 14:50 hours. ***PRESENT CONTINUOUS + WILL BE DOING / Feststehende Zukunft + Zeitfenster.***
30. It looks as if Peter isn't coming back, we are going to hire an interim manager for the coming months. ***GOING TO / Plan, Absicht und logische Schluss- folgerung.***

CHECK YOUR ANSWERS

31-35/50 **BUSINESS**
FUTURE TENSES (MIXED)

31. Hey Bob, could we talk during lunch, I will be in the canteen in half an hour. ***WILL / Spontane Äußerung.***

32. We will be discussing the profit margin tomorrow morning, it's the first point on our agenda. ***WILL BE DOING / Festes Zeitfenster.***

33. Our weekly meeting tomorrow starts at 8 a.m. and finishes at 9:30. ***SIMPLE PRESENT / Timetable, findet jede Woche zur gleichen Zeit statt.***

34. Karen, could you please make a reservation at the Bluebell for tonight, :30, I might need a table, if not, I will cancel it myself. ***MODAL + WILL / might drückt Unsicherheit aus, will ist hier spontan.***

35. Please remember, the colleagues from headquarters are visiting this afternoon. Who is going to show them around? ***PRESENT CONTINUOUS + GOING TO / feststehend, Absprache zwischen zwei Parteien + wer beabsichtigt / plant, sie herumzuführen?***

"feel under the weather" ... **...„sich krank fühlen"**

Persönliche Notizen

ANSWER THE QUESTION

36-50/50 **BUSINESS** 5
FUTURE TENSES (MIXED)
WÄHLEN SIE DIE FUTURE-TENSE, DIE AM BESTEN PASST!

36. Will you be using your microphone today? No, ____________________
37. Is your secretary going to send the files soon? Yes, ____________________
38. Might the board decide this week? Yes, ____________________
39. When is the delivery arriving? ____________________
40. Will you let me know what your opinion is? Yes, ____________________
41. Will we have reduced expenditures by the end of the year? No, __________
42. At what time is take-off? ____________________

FIND & FIX THE MISTAKE

43. Our bosses decide on it later today.
44. I bet, they will coming up with **uneven/odd** numbers. *(ungerade)*
45. The meeting finishing in an hour.
46. All staff get a bonus at the end of this year.
47. Corona will affects our business for a long time.
48. She will that I meet her soon to discuss her salary raise.
49. The bus will leave 9:15 from the station.
50. He is going to another company after the apprenticeship.

CHECK YOUR ANSWERS

36-50/50 **BUSINESS**
FUTURE TENSES (MIXED)

Auch hier die Grundregel: einfachste Lösung – so auf Fragen antworten, wie gefragt wurde (short answer).

36. **Will** you be using your microphone today? No, I won't.
WILL BE DOING betont die aktive, tatsächliche Benutzung des Mikrofons.
37. **Is** your secretary going to send the files soon? Yes, she is. *GOING TO drückt hier aus, dass der Fragende wissen möchte: Beabsichtigt sie, die Unterlagen zu schicken?*
38. **Might** the board decide this week? Yes, they might.
39. **When is** the delivery arriving? At...
Offene Fragen erfordern eine Information.
40. **Will** you let me know what your opinion is? Yes, I will... I think...
41. **Will** we have reduced expenditures by the end of the year? No, we won't.
42. **What time** is my take-off? At...
offene Frage.
43. Our bosses ~~decide~~ **are going to** decide on it later today. *Vermeiden Sie diesen typischen Fehler – die 1:1-Übersetzung aus dem Deutschen -, dadurch wird keine Zukunft ausgedrückt!*
44. I bet, they ~~will coming~~ **will come** up with uneven numbers.
Hinter WILL steht immer ein INFINITIVE.
45. The ~~meeting finishing~~ **meeting is finishing** in an hour.
CONTINUOUS braucht immer die Form von to be, hier is.
46. All staff ~~get~~ **will get** a bonus at the end of this year. *1:1-Übersetzung aus dem Deutschen drückt nicht Zukunft aus. Ohne den Zusatz this year*

würde der Satz ausdrücken, dass alle Mitarbeiter jedes Jahr einen Bonus erhalten! (SIMPLE PRESENT = generell).

47. Corona ~~will affects~~ **is going to affect** our business for a long time. ***WILL braucht immer einen INFINITIVE + hier ist going to eine bessere Option, da etwas absehbar ist.***
48. She ~~will that~~ **wants me** to meet her soon to discuss her salary raise. ***Vermeiden Sie diesen typischen Fehler will (werden) wird mit wollen verwechselt! Wollen = want.***
49. The bus ~~will leave 9:15~~ **leaves at 9:15** from the station. ***Timetable besser mit SIMPLE PRESENT.***
50. He ~~is going to another~~ **is going to go to another** company after the apprenticeship. ***Der/die Sprechende möchte hier GOING TO verwenden, vergisst aber das Vollverb.***

Well done! You deserve a break!

odd = seltsam, ungewöhnlich

Werden Sie in England zu einer Party eingeladen, könnte es gut sein, dass Sie etwas zu trinken mitbringen müssen! Es wird nicht automatisch davon ausgegangen, dass der/die GastgeberIn alles besorgt. Die Abkürzung hierfür lautet ***BYOB bring your own booze (beer/bottle/beverage)***. Es gibt sogar ***BYOB***-Restaurants, die keine Alkohol-Lizenz haben. Getrennt seine Rechnungen bezahlen heißt übrigens ***to go Dutch!***

Before you *go on* = weitermachen, take a deep breath!

6 PAST CONTINUOUS & PAST PERFECT

In diesem Kapitel erläutere ich zwei Zeiten aus dem Bereich VERGANGENHEIT: zuerst PAST CONTINUOUS und im Anschluss PAST PERFECT. Im Übungsteil tauchen beide Zeiten gemischt auf. Wichtig ist, zu wissen, dass wir beide in der Regel weniger häufig benutzen als die Big 5! Aber sie gehören natürlich zur Grammatik dazu und ermöglichen es uns, bestimmte Vorgänge und Abläufe sprachlich sehr genau auszudrücken.

PAST CONTINUOUS

CONTINUOUS, das haben Sie bereits gelernt, bedeutet immer, dass es sich um eine **Zeitspanne** handelt, eine Handlung, die über einen Zeitraum hinweg passiert. Bei PAST CONTINUOUS geht es um Handlungen, die **in der Vergangenheit** passierten. Das kann eine Situation sein wie die Folgende: *Gestern um 10 Uhr spielte ich Tennis*. Yesterday at 10 am I **was (still) playing** tennis. Was ich dadurch ausdrücke, ist: Ich habe vor 10 Uhr irgendwann begonnen und nach 10 Uhr aufgehört, also eine gewisse Zeitspanne lang gespielt!

Häufig wird PAST CONTINUOUS auch verwendet, wenn wir von **zwei Handlungen** berichten, die **zeitgleich** stattfanden: *Ich kam gestern spät aus dem Büro und draußen regnete es.*

1. Handlung - Ich kam aus dem Büro.	2. Handlung - Es regnete.

Die länger andauernde Handlung steht im PAST CONTINUOUS, die andere im SIMPLE PAST.

*It **was raining** yesterday when I left the office.*
When I left the office yesterday it **was raining**.

Die Reihenfolge, welche Handlung zuerst genannt wird, ist egal. In der Regel wird when verwendet (als, während), also ein Signalwort, das erkennbar macht, dass etwas passierte, während – zeitgleich – etwas Anderes vor sich ging.

QUICK READER PAST CONTINUOUS

Länger andauernde Handlung in der Vergangenheit („Rahmen"-Handlung), häufig wenn zwei Dinge zeitgleich passierten
I **was working** when the phone rang, she **was reading** the new book when he came home, when the boss came in I **was talking** on the phone, we **were driving** to Spain when we heard about your accident, she **was writing** an email when the alarm went off, yesterday at 12 I **was having** lunch

Genau wie das PRESENT CONTINUOUS braucht das PAST CONTINUOUS das Hilfsverb to be dieses Mal in der 2. Form (Past) ***was/were.***

Stellen Sie sich die Frage: Verwende ich diese Zeit bereits aktiv? Verstehe ich sie, wenn ich sie lese/höre? Was fehlt mir, um sie künftig aktiv anwenden zu können?

THE ESSENTIALS PAST CONTINUOUS

- Wir fragen nach oder erzählen von Rahmenhandlungen der Vergangenheit.
- Wird mit ***was/were + -ing*** gebildet.
- Fragen stellen mit was/were am Satzanfang.
- Bei Verneinungen was not/wasn't verwenden.
- CONTINUOUS: Etwas passierte über einen Zeitraum.
- Bei zwei Handlungen steht die kürzere im SIMPLE PAST (Kap. 3).
- **Signalwörter:** ***when, during, while***

In der deutschen Sprache machen wir keine Unterscheidung: *Als ich aus dem Büro kam, regnete es.* Wir verwenden grammatikalisch die gleiche Zeit für beide Handlungen! Anders im Englischen! Beispiele *Filmtitel: Während du schliefst – While you* **were sleeping**.

Songtext: Lewis Capaldi – Someone You Loved

I **was getting** *kinda used to being someone you loved.*

- ***to get used to:*** sich an etwas gewöhnen

COMMON MISTAKES

- Die Zeit wird nicht verwendet, da sie ungeübt oder nicht bekannt ist.
- Zeitgleiche Handlungen werden aufgezählt (im SIMPLE PAST ausgedrückt).
- Nicht alle Verben können im CONTINUOUS stehen (Zustandsverben).

THIS IS HOW IT WORKS

Aussage

I	**was playing**	tennis *when* you called.
You	**were living**	in Brazil *when* we met.
He/she/it	**was watching**	a movie *when* we came home.
We	**were chatting**	with the grandparents *while* Tom made dinner.
You	**were watering**	the plants yesterday *around* 4 pm.
They	**were playing**	in the garden *when* it started to rain.

Verneinung = not

I	**was not playing**	tennis when you called.
You	**were not living**	in Brazil when we met.
He/she/it	**wasn't watching**	a movie *when* we came home.
We	**weren't chatting**	with the grandparents *while* Tom made dinner.
You	**were not watering**	the plants yesterday *around* 4 pm.
They	**weren't playing**	in the garden *when* it started to rain.

 Frage: Satzanfang !

 (Kurz-)Antwort

Was	**I**	**playing**	tennis *when* you called?
Were	you	**living**	in Brazil *when* we met?
Was	he/ she/it	**watching**	a movie *when* we came home?
Were	we	**chatting**	with the grandparents *while* Tom made dinner?
Were	you	**watering**	the plants yesterday *around* 4 pm?
Were	they	**playing**	in the garden *when* it started to rain?

Yes,	I **was**.
No,	you **were not**.
No,	he **wasn't**.
Yes,	we **were**.
Yes,	you **were**.
No,	they **weren't**.

! Die im Verlauf (*-ing*) stehenden Verben sind immer Tätigkeitsverben und keine Zustandsverben z.B. ***to know, to belong, to depend*** (Kap. 2).

GOOD TO KNOW

Bei Aufzählungen, die **nacheinander** in der Vergangenheit stattfanden, verwenden wir SIMPLE PAST! ***Yesterday I got up, then I had breakfast, after that I went to work...***

Bei PAST CONTINUOUS findet nichts davon zeitgleich statt!

 Have a break! Time for a cup of tea or coffee....

LET'S RECALL: PAST CONTINUOUS

- Drückt aus, was über einen Zeitraum in Vergangenheit stattfand.
- Häufig zeitgleich mit einer anderen Handlung
- Bildung mit ***was/were + -ing***
- **Signalwörter** ***while, during***

"to be in a cold sweat" ... **... „Blut und Wasser schwitzen"**

PAST PERFECT

Mit PAST PERFECT drücken wir eine **Vor-Vergangenheit** aus. Das heißt Handlungen, die auf einer Zeitschiene in der Vergangenheit noch **vor einer anderen** stattfanden – und häufig einen Bezug zu dieser haben: *Bevor ich Maja kennenlernte, war ich lange Single (gewesen). Gewesen* steht in Klammern, da der Satz im Deutschen auch ohne auskommt.

Before I met Maja, I ***had been*** *single for a long time.*
I **had been** *single for a long time, before I met Maja.*

ZEITLEISTE	
I was single	*I met Maja*
(passierte zuerst)	(passierte danach) today/heute

Auch hierbei ist die Reihenfolge der Nennung (Satzteile) egal. Wichtig ist, dass die Handlung, die auf der Zeitschiene zuerst (1) passierte, im PAST PERFECT steht und die zeitlich spätere (2) im SIMPLE PAST! Es werden Wörter verwendet wie ***before, already*** (bevor, schon), durch die der zeitliche Ablauf erkennbar wird. Zur Bildung des PAST PERFECT brauchen wir ***to have*** im Past = ***had*** + 3. Form. Es wird also wie das PRESENT PERFECT gebildet, mit dem Unterschied, dass aus dem ***have*** ein ***had*** wird.

QUICK READER PAST PERFECT

Vorvergangenheit: Handlungen ausdrücken, die zeitlich **vor anderen** stattfanden
I **had worked** as a freelancer *before* I started this job, she **had read** the book *before* I did, the boss **had talked** to them *earlier*, we **had arrived** in Spain *before* we learned about the accident, she **had written** the email first and *then* posted the letter, *before* they set off to the customers they **had had** lunch

Genau wie das PRESENT PERFECT braucht das PAST PERFECT das Hilfsverb to have dieses Mal in der 2. Form (Past) had. Verwenden Sie diese Zeit bereits aktiv? Oft drücken Ungeübte das *einfach* im SIMPLE PAST aus. Auf Deutsch würden wir solche Handlungen mit *hatte gemacht/getan* - Plusquamperfekt - bilden:

Sie hatte schon Essen gekocht (als wir nach Hause kamen).
She **had cooked** *dinner...*

Wir hatten das Projekt abgeschlossen (bevor wir das neue begannen).
We **had finished** *the project...*

THE ESSENTIALS PAST PERFECT

- Nachfragen nach oder berichten von vorvergangenen Dingen.
- Wird gebildet mit ***had*** + 3. Form.
- Had bei Fragen an den Satzanfang stellen.
- Bei Verneinungen ***had not / hadn't*** verwenden.
- In der Regel zwei Handlungen – die weiter zurückliegende steht in PAST PERFECT.
- **Signalwörter:** *before, already...*
- Die Handlungen haben einen Bezug zueinander.

COMMON MISTAKES

- Es wird nicht verwendet, da es ungeübt und nicht abrufbar ist.
- In der Regel werden diese Handlungen *einfach* mit SIMPLE PAST ausgedrückt.
- Kurzform von ***had*** als `d sorgt für Verwirrung ***we'd left.***
- Wenn Verb to have Vollverb ist, wird Hilfsverb ***had*** weggelassen
- richtig: *He* **had had** *a haircut. They* **had** *already* **had** *dinner.*

GOOD TO KNOW

Es gilt, PAST PERFECT von Handlungen abzugrenzen, die in der Vergangenheit einfach aufeinander folgten = Aufzählungen. Beispiel: ***During our holiday last year we went to Rome, then we stopped by in Paris before we flew back home.*** Hier wird aufgezählt, anders als in dem folgenden Satz: ***Before we flew home, we had been in Rome and Paris.***

THIS IS HOW IT WORKS

 Aussage

I	**had had**	lunch *before* I went out.
You	**had lived**	in Brazil *before* we met.
He/she/it	**had** *already* **left**	when we arrived.
We	**had kept**	everything.
You	**had finished**	planting, so we were able to get ready.
They	**had broken up**	so he came on his own.

 Verneinung = not

I	**had not had**	lunch *before* I went out.
You	**had not lived**	in Brazil *before* we met.
He/she/it	**had not**	*already* **left** when we arrived.
We	**had not kept**	everything.
You	**had not finished**	planting, so we were *not* able to get ready.
They	**had not broken up**	so they came as a couple.

 Frage: Satzanfang !

Had	**I**	**had** lunch *before* I went out?
Had	you	**lived** in Brazil *before* we met?
Had	he/she/ it	*already* **left** when we arrived?
Had	we	**kept** everything?
Had	you	**finished** planting?
Had	they	**broken up**?

 (Kurz-)Antwort

Yes,	I **had**.
No	you **had not**
No,	he **hadn't**.
Yes,	we **had**.
Yes,	you **had**.
No,	they **hadn't**.

□ *to break up:* sich trennen; a couple: ein Paar

! Contractions=Kurzformen sehen bei dieser Zeit so aus:

I'd known (had known) ..., he'd said (had said) ..., we'd agreed (had agreed) ... Nicht immer hört man sie, wenn gesprochen wird, aber wird die 3. Form benutzt, sind sie da!
ACHTUNG: auch *would* wird so abgekürzt ***he'd* know *(would know)***
ABER: auf *would* folgt immer ein Infinitiv und nicht die 3. Form.

GOOD TO KNOW
PAST PERFECT brauchen wir außerdem, um IF-Clauses Typ III zu bilden (Band 2).

PECULIARITIES

Leider (!) enden die Erläuterungen an dieser Stelle noch nicht, da es auch PAST PERFECT CONTINUOUS gibt. PAST PERFECT CONTINUOUS ist keine Zeit, die Sie anwenden müssen. Es ist vielmehr eine Zeit, die fortgeschrittene Lernende integrieren können, wenn Sie möchten. In der Regel **brauchen Sie diese Zeit nicht häufig**.

Mit PAST PERFECT CONTINUOUS können Sie ausdrücken, dass zu einem Zeitpunkt in der Vergangenheit, der bereits vor einem anderen stattfand, etwas über eine Zeitspanne hinweg passiert war:

I got up, looked out of the window and saw it **had been raining**.

CONTINUOUS gibt uns die Möglichkeit, die Ursache auszudrücken, warum etwas (Folge daraus) eingetreten war! *Es hatte die ganze Nacht über geregnet, daher war alles nass.*

I was very tired last night, because I **had been working** *all day.*
Weil ich so lange arbeiten musste, war ich so müde.
Bildung: *had + been + -ing*

ABER: Hand aufs Herz – wie häufig sagen Sie auf Deutsch Sätze wie *Gestern bemerkte ich, dass Martin sehr verschwitzt war, offensichtlich hatte er Fußball gespielt...*

Daher ist für Lernende PAST PERFECT CONTINUOUS zunächst weniger wichtig. Im Verlauf von zunehmenden Kompetenzen in der Sprache wird es später wichtiger.

Die Übungen und Beispiele in diesem Kapitel enthalten keine Übungen hierzu.

 Have a break! Time for a cup of tea or coffee....

BEFORE YOU START THE WORKOUT

LET'S RECALL: PAST PERFECT

- Drückt Vorvergangenheit aus.
- Zwei Handlungen, eine im SIMPLE PAST, die weiter zurückliegende im PAST PERFECT
- Die Handlungen stehen im Bezug zueinander (keine reine Aufzählung).
- had + 3. Form
- **Signalwörter**: *before, after*
- Es gibt eine Verlaufsform: PAST PERFECT CONTINUOUS.

„to be out of the woods“ ...	**... “aus dem Schneider sein”**
„to swallow a bitter pill“ ...	**... „in den sauren Apfel beißen“**
„live like a lord“ ...	**... ”auf großem Fuß leben”**

YOUR WORKOUT – YOUR TURN

LEISURE

1-10/40 **LEISURE**

PAST CONTINUOUS / PAST PERFECT

PAST CONTINUOUS ODER PAST PERFECT - WAS PASST?

SAY IN ENGLISH

1. Ich habe mich sehr gefreut, Sarah zu treffen, denn ich hatte sie ewig nicht gesehen. *to be pleased / not to see / for ages*

2. Es goss in Strömen, als wir endlich auf dem Campingplatz ankamen. *to rain cats and dogs / finally to arrive / at the campsite*

3. Als ich nach Hause kam, spielten die Kinder im Garten Fußball. *to come home / to play football*

4. Ich brauchte keine Ratschläge, ich hatte früher schon Hunde gehabt. *not need any advice / to have dogs / in the past*

5. Ich sah, dass er beim Friseur gewesen war. *to see / to be to the hairdresser*

6. Sorry, dass ich gestern nicht an die Tür kommen konnte, ich stand gerade unter der Dusche! *not to be able to open the door / to have a shower*

7. Gestern Abend war es sehr laut bei euch! Was habt ihr gemacht? *to be very noisy / to do*

8. Er konnte die Unterlagen nicht finden, offensichtlich hatte er sie weggeworfen. *not to find / obviously / to throw away*

9. Wie lange war sie krank, bevor sie gestorben ist? *to be ill / to die*

10. Eva musste den Schlüsseldienst anrufen, weil sie sich ausgeschlossen hatte. *to have to call the locksmith / to lock yourself out*

CHECK YOUR ANSWERS

1. I was very pleased to meet Sarah because I hadn't seen her for ages. ***PAST PERFECT / Zwei Handlungen, die nacheinander ablaufen: eine lange Zeit, in der ich Sarah nicht sah und dann traf ich sie! SIMPLE PAST (I didn't see her) kann das nicht so exakt ausdrücken!***
2. It was raining cats and dogs when we finally arrived at the campsite. ***PAST CONTINUOUS / Zwei Handlungen, die zeitgleich ablaufen: Der Regen dauert an, vor dem Ankommen und währenddessen. Ankommen ist ein Moment, der Regen ist die Rahmen-Handlung.***
3. When I came home the children were playing football in the garden. ***PAST CONTINUOUS / Zwei Handlungen, die zeitgleich ablaufen: Die Kinder spielen vorher schon und auch nachher noch. Das Heimkommen ist der kurze Moment.***
4. I didn't need any advice because I had had / I'd had dogs in the past. ***PAST PERFECT / Zwei Handlungen, die nacheinander ablaufen: Zuerst (früher) hatte ich schon Hunde gehabt, daher brauchte ich keine Ratschläge! Achtung hier kommt to have als Hilfsverb und Vollverb vor!***
5. I saw (that) he had been to the hairdresser. ***PAST PERFECT / Zwei Handlungen, die nacheinander ablaufen, als ich ihn traf, war er schon beim Friseur gewesen = zeitlich davor!***
6. Sorry I wasn't able to open the door yesterday, I was having a shower! ***PAST CONTINUOUS / Zwei Handlungen, die zeitgleich abliefen: Jemand klingelte an der Tür, während ich unter der Dusche stand. Das Duschen dauerte länger!***
7. It was very noisy at your place last night. What were you doing? ***PAST CONTINUOUS / Hier wird nach einem bestimmten Zeitpunkt in der Vergangenheit gefragt und welche Aktivitäten passierten (über einen Zeitraum). Offensichtlich war es nicht nur für einen Moment, sondern den ganzen Abend lang laut!***
8. He couldn't find the files obviously he had thrown them away. ***PAST PERFECT / Zwei Handlungen, die zeitlich nacheinander ablaufen: Zuerst muss er die Unterlagen weggeworfen haben, danach suchte er sie erfolglos.***

9. How long had she been ill before she died? ***PAST PERFECT / Zwei Handlungen nacheinander: Wie lange war sie krank, bevor sie starb? Hier wird nach einem Zeitraum gefragt (PAST PERFECT CONTINUOUS), aber da es sich um ein Zustandsverb handelt, steht hier PAST PERFECT SIMPLE.***
10. Eva had to call the locksmith because she had locked herself out. ***PAST PERFECT / Zwei Handlungen die aufeinander folgen: Zuerst hat sie sich ausgesperrt, dann musste sie den Schlüsseldienst anrufen.***

Persönliche Notizen

FILL IN THE GAPS

11-25/40 **LEISURE**

PAST CONTINUOUS / PAST PERFECT

PAST CONTINUOUS ODER PAST PERFECT - WAS PASST?

11. She ____________ ***(to have)*** a shower after her husband ____________ ***(to come)*** home.
12. She ____________ ***(to have)*** a shower while her husband ____________ ***(to prepare)*** dinner.
13. They ______ ***(to meet)*** five years before they _________ ***(to get)*** married.
14. While Sam ____________ ***(to watch)*** a movie, his little sisters ____________ ***(to make)*** a lot of noise.
15. ______________ ***(you, to have)*** lunch yesterday before you __________ ***(to go)*** into the meeting?
16. He _____________ ***(to ask)*** me so many times **by then**, so I __________ ***(to start)*** to like the idea. *(bis dahin)*
17. Last Sunday my family ____________ ***(to show)*** us around London.
18. Luckily, Peter ________ ***(to finish)*** before time __________ ***(to be)*** over.
19. _________ ***(it, to snow)*** a lot when you ______ ***(to be)*** on holiday in the Alps?
20. After Susan __________ ***(to leave)*** school, she ____________ ***(to move)*** to Amsterdam and _________ ***(to start)*** at university.
21. I **still** ____________ ***(to think)*** about buying a coffee maker when my husband ___________ ***(to buy)*** one! *(noch)*
22. He _____________ ***(to visit)*** his mother after she _____________ ***(to have)*** the Covid **vaccine**! *(Impfung)*
23. Paul ____________ ***(not, to expect)*** to win the lottery, so he __________ ***(to be)*** thrilled when __________ ***(to do)***. *(hocherfreut)*
24. ____________ ***(you, to work)*** yesterday morning?
25. ____________ ***(she, to have)*** **surgery** before? *(medizinischer Eingriff, Operation)*

11-25/40 **LEISURE**

PAST CONTINUOUS / PAST PERFECT

11. She had a shower after her husband had come home. ***PAST PERFECT / Zwei Handlungen, die aufeinander folgen: Zuerst kam der Ehemann nach Hause, dann ging sie duschen.***
12. She was having a shower while her husband prepared dinner. ***PAST CONTINUOUS / Zwei Handlungen, die zeitgleich ablaufen – hier kann man infrage stellen, ob das Duschen länger dauert. Ich tendiere dazu. Aber auch dieser Satz wäre denkbar: She had a shower while her husband was preparing dinner.***
13. They had met five years before they got married. ***PAST PERFECT / Diese Handlungen folgen zeitlich aufeinander und zuerst trifft man sich, dann wird geheiratet! Hier wird deutlich der Bezug dieser Handlungen. Sie könnten auch als Aufzählung kommuniziert werden: They met in 2001 and in 2014 they got married... Dann wird bevor nicht verwendet, sondern die Zeitpunkte werden genannt.***
14. While Sam was watching a movie, his little sisters made / were making a lot of noise. ***PAST CONTINUOUS / Zwei zeitgleiche Handlungen, hier könnten beide gleich lang dauern und im Continuous stehen.***
15. Had you had lunch yesterday before you went into the meeting? ***PAST PERFECT / Zwei Handlungen in zeitlicher Abfolge: 1. Essen, 2. Meeting. Achtung: Hier ist to have Hilfsverb und Vollverb.***
16. He had asked me so many times by then, so I started / was starting to like the idea. ***Past Perfect / Zwei Handlungen in zeitlicher Abfolge. Der zweite Teil kann im Continuous stehen (, wenn damit gemeint ist, dass die Überlegungen sich über einen Zeitraum hinzogen).***

17. Last Sunday my family was showing us around London. ***PAST CONTINUOUS / Fragen nach einer Aktivität (Zeitraum) in der Vergangenheit.***
18. Luckily, Peter had finished before time was over.
PAST PERFECT / Zwei Handlungen in zeitlicher Abfolge.
19. Was it snowing a lot when you were on holiday in the Alps?
PAST CONTINUOUS / Zwei Handlungen, die zeitgleich ablaufen – Zeitraum des Urlaubs ist hier gemeint.
20. After Susan had left school, she moved to Amsterdam and started at university.
PAST PERFECT / Handlungen, die zeitlich nacheinander folgen. Zuerst hatte sie die Schule beendet, was darauffolgte, sind Aufzählungen.
21. I was still thinking about buying a coffee maker when my husband bought one!
PAST CONTINUOUS / Zwei Handlungen zeitgleich: Der Ehemann kauft, während sie noch darüber nachdenkt.
22. He visited his mother after she had had the Covid vaccine! ***PAST PERFECT / Zwei Handlungen, die aufeinander folgen: Er wartet solange, bis sie geimpft ist.***
23. Paul hadn't expected to win the lottery, so he was thrilled when he did.
PAST PERFECT / Zwei Handlungen, die aufeinander folgen: Er hatte nie daran gedacht, doch passiert es!
24. Were you working yesterday morning? ***PAST CONTINUOUS / Frage nach Tätigkeit zu Zeitpunkt in der Vergangenheit.***
25. Had she had surgery before? ***PAST PERFECT / So wie der Satz hier steht, kann er nur in einer Unterhaltung vorkommen, in der es um eine zurückliegende OP geht. Hatte sie vor dieser schon mal eine OP gehabt?***

Persönliche Notizen

ANSWER THE QUESTION

26-40/40 **LEISURE**

PAST CONTINUOUS / PAST PERFECT

26. Were you watering the garden earlier? No, ______________________

27. Had you known her before her illness? Yes, ______________________

28. Was he watching the movie when you came home? Yes, ______________

29. Were you having a shower? No, ______________________________

30. Had you had this even before you got married? No, ________________

FIND & FIX THE MISTAKE

31. They went to the doctor after they collected the medicine from the pharmacy.

32. While we are speaking the fire alarm went off.

33. When our son came home with five friends we are relaxing in the garden.

34. They didn't meet a long time before they married.

35. We arrived at the hotel and it rained a lot.

36. When I saw him I realized that I met him before!

37. Sorry I didn't answer the phone but I cooked and didn't hear it ring.

38. Was you playing tennis yesterday morning?

39. While I wrote the email, she were playing chess with her friend.

40. How long before you bought the car did you decide to buy it?

CHECK YOUR ANSWERS

26. **Were you** watering the garden earlier? No, I wasn't. ***Bei Fragen ist es eine einfache Art, schnell spontan zu antworten, indem man das Fragewort aufgreift. Achtung: Hier ändert durch die Person were zu was!***
27. **Had you** known her before her illness? Yes, I had.
Kurzantwort und Fragewort aufgreifen.
28. **Was he** watching the movie when you came home? Yes, he was.
Kurzantwort und das Fragewort aufgreifen = schnelle spontane Antwort.
29. **Were you** having a shower? No, I was not.
Kurzantwort und das Fragewort aufgreifen = schnelle spontane Antwort.
30. **Had you** had this even before you got married? No, I hadn't.
Kurzantwort und das Fragewort aufgreifen = schnelle spontane Antwort.
31. They went to the doctor after they **had** collected the medicine from the pharmacy. ***PAST PERFECT / Da die beiden Handlungen zeitlich aufeinander folgen und in Bezug stehen, wäre had collected hier richtig. Sie werden verstanden, wenn Sie „aufzählen", dennoch korrekt wäre Past Perfect!***
32. While we **were** ~~are~~ speaking the fire alarm went off. ***PAST CONTINUOUS / Typischer Fehler: Da nicht geübt ist, wird PRESENT CONTINUOUS verwendet.***
33. When our son came home with five friends we **were** ~~are~~ relaxing in the garden. ***PAST CONTINUOUS / Statt PAST wird hier PRESENT CONTINUOUS verwendet!***
34. They **hadn't met** ~~didn't meet~~ a long time before they **got** married. ***PAST PERFECT / Da die beiden Handlungen zeitlich aufeinander folgen und in Bezug stehen, wäre hadn't met hier richtig. Sie werden verstanden, wenn Sie „aufzählen", dennoch korrekt wäre Past Perfect. Heiraten wird in der Regel als passive ausgedrückt.***
35. We arrived at the hotel and it **was raining** ~~rained~~ a lot. ***PAST CONTINUOUS / PAST CONTINUOUS drückt viel genauer aus, wie die Situation wahrscheinlich war: Der Regen war keine Abfolge, sondern es regenete während der Ankunft.***
36. When I saw him I realized that I **had** met him before! ***PAST PERFECT / Da beide Handlungen zeitlich aufeinander folgen und in Bezug zueinander stehen, ist PAST PERFECT hier die richtige Wahl.***
37. Sorry I didn't answer the phone but I **was cooking** ~~cooked~~ and didn't hear it ring. ***PAST CONTINUOUS / PAST CONTINUOUS drückt viel genauer aus, wie die Situation war – das Kochen war keine Abfolge, sondern passierte vor, während und nach dem Anruf.***
38. **Were** ~~Was~~ you playing tennis yesterday morning?
PAST CONTINUOUS / Hier wurden was/were verwechselt.
39. While I wrote the email, she **was** ~~were~~ playing chess with her friend.
PAST CONTINUOUS / Hier wurden was/were verwechselt.
40. How long before you bought the car **had you decided** ~~did you decide~~ to buy it? ***PAST PERFECT / Auch hier folgen beide Handlungen zeitlich aufeinander und stehen in Bezug zueinander. Sie werden verstanden, wenn Sie „aufzählen", aber natürlicher und richtig wäre PAST PERFECT!***

YOUR WORKOUT – YOUR TURN

BUSINESS

1-10/40 **BUSINESS**

PAST CONTINUOUS / PAST PERFECT

PAST CONTINUOUS ODER PAST PERFECT - WAS PASST?

SAY IN ENGLISH

1. Während der **Bergung** verlor der Tanker weiter **Treibstoff**. *(salvage, fuel)*
2. Das Unternehmen beendete die Zusammenarbeit, nachdem der **Vorstand** darüber abgestimmt hatte. *(management board)*
3. Sobald sie die Zahlen verglichen hatten, war klar, dass die Fabrik in Deutschland gebaut werden würde.
4. Als der **Betriebsrat** die Neuigkeiten verkündete, hörte die gesamte Belegschaft zu. *(works council)*
5. Corona hat so große Auswirkungen auf unser Geschäft gehabt, dass wir schließen mussten.
6. Die Vorstandsmitglieder hörten dem Vorsitzenden zu.
7. Bevor er in unserem Unternehmen anfing, war er bei der Konkurrenz beschäftigt (gewesen).
8. Die Unterlagen waren nicht **aufzufinden**, offensichtlich waren sie weggeworfen worden. *(not to be found)*
9. Die Sekretärin arbeitete, während alle anderen zum Mittagessen gingen.
10. Susan hatte ihren Chef noch **erwischt**, bevor er das Büro verließ. *(to get hold of)*

CHECK YOUR ANSWERS

1-10/40 **BUSINESS**
PAST CONTINUOUS / PAST PERFECT

1. During the salvage the tankship was continuing to lose/was losing further fuel. ***PAST CONTINUOUS / Zwei Handlungen gleichzeitig. Der Kraftstoff läuft aus vor & während der Bergung (Zeitraum).***
2. The company ended the cooperation after the management board had voted on it. ***PAST PERFECT / Zwei Handlungen, die zeitlich nacheinander ablaufen und im Bezug stehen.***
3. As soon as they had compared the figures it became clear that the the factury would be built in Germany. ***PAST PERFECT / Hier ist auch ein zeitlicher Ablauf: 1. Zahlen anschauen 2. Klarheit haben.***
4. When the works council announced the news, the entire staff was listening. ***PAST CONTINUOUS / Zwei Handlungen, die gleichzeitig ablaufen.***
5. Corona had had such major impacts on our business that we had to close down. ***PAST PERFECT / Auch hier ist ein zeitlicher Ablauf: Zuerst hat Corona das Geschäft beeinflusst, dann musste man schließen.***
6. The board members were listening to the chairman. ***PAST CONTINUOUS / Hier wird von einem bestimmten Zeitraum in der Vergangenheit berichtet.***
7. Before he started to work for our company he had been employed by a competitor. ***PAST PERFECT / Zwei Handlungen laufen nacheinander ab und stehen im Bezug zueinander.***
8. The files weren't to be found, obviously they had been thrown away. ***PAST PERFECT / Zwei Handlungen, die nacheinander ablaufen: 1. Die Unterlagen werden weggeworfen, 2. Unterlagen werden gesucht.***
9. The secretary was working while all other staff had lunch. ***PAST CONTINUOUS / Diese Handlungen passieren zeitgleich. Hier könnte argumentiert werden, dass das Essen länger dauert: The secretary worked while all other staff were having lunch!***
10. Susan had got hold of her boss, before he left the office. ***PAST PERFECT / Drückt hier den zeitlichen Ablauf aus: Sie erreichte den Chef noch und dann verließ er das Büro.***

FILL IN THE GAPS

11-25/40 **BUSINESS**

PAST CONTINUOUS / PAST PERFECT

PAST CONTINUOUS ODER PAST PERFECT - WAS PASST?

11. They ____________ ***(to invest)*** a lot of money into the campaign after a consultancy ____________ ***(to advise)*** them to do so.
12. This morning the share prices ____________ ***(to fall)***.
13. The staff ____________ ***(to trust)*** their management board before they ____________ ***(to announce)*** that the company was insolvent.
14. It was when the workers ____________ ***(to understand)*** the message that they ____________ ***(to start)*** to change their attitude.
15. When the headhunter ____________ ***(to become)*** aware of how valuable he was, he ____________ ***(already, to be hired)*** by another company.
16. Last Tuesday between 2 and 4 pm the guide ____________ ***(to show)*** them around the factory plant.
17. After she ____________ ***(to spend)*** ten years in the company, she ____________ ***(not, want)*** to leave.
18. The great grandfather ____________ ***(to found)*** the enterprise many years before it ____________ ***(to become)*** a major player in the market.
19. The secretary ____________ ***(to keep)*** copies of the contract, although nobody ____________ ***(to tell)*** her to do so.
20. While the chairman ____________ ***(to speak)*** to the employees, he ____________ ***(to be)*** recorded.
21. The screws ____________ ***(always, to be)*** stored in the warehouse next to the office building until the management ____________ ***(to decide)*** to move the warehouse.
22. Before they ____________ ***(to employ)*** an administrator, they ____________ ***(to have)*** to ask an external company for support.
23. Last spring the company ____________ ***(to struggle)*** to get by. *(kämpfen/ringen, über die Runden kommen)*
24. Peter Müller ____________ ***(to leave)*** in 2014. Earlier he ____________ ***(to be)*** the managing director for seven years.
25. When the trainee ____________ ***(to come)*** into the room, everybody ____________ ***(to work)***.

CHECK YOUR ANSWERS

11-25/40 **BUSINESS**

PAST CONTINUOUS / PAST PERFECT

11. They invested a lot of money into the campaign after a consultancy had advised them to do so. ***PAST PERFECT / Zwei Handlungen folgen aufeinander und stehen im Bezug.***
12. This morning the share prices were falling. ***PAST CONTINUOUS / Durch das CONTINUOUS wird ausgedrückt, dass der Trend den Morgen über anhielt!***
13. The staff had trusted their management board before they announced that the company was insolvent. ***PAST PERFECT / Handlungen in zeitlicher Abfolge aufeinander: Vor der Nachricht von der Insolvenz hatten die Mitar- beiterInnen Vertrauen gehabt, nun nicht mehr.***
14. It was when the workers understood the message that they were starting to change their attitude. ***PAST CONTINUOUS / Das CONTINUOUS drückt hier aus, dass es sich um einen Trend handelt, die MitarbeiterInnen änderten nicht alle zeitgleich ihre Meinung, das war ein Prozess!***
15. When the headhunter became aware of how valuable he was, he had already been hired by another company. ***PAST PERFECT / Abfolge von Handlungen.***
16. Last Tuesday between 2 and 4 pm the guide was showing them around the factory plant. ***PAST CONTINUOUS / Was passierte in einem Zeitraum?***
17. After she had spent ten years in the company, she didn't want to leave. ***PAST PERFECT / Abfolge von Handlungen: 10 Jahre gearbeitet, daher: Ich bleibe.***
18. The great grandfather had founded the enterprise many years before it became a major player in the market. ***PAST PERFECT / Zeitliche Abfolge.***

19. The secretary had kept copies of the contract, although nobody had told her to do so. ***PAST PERFECT / Hier bietet sich zweimal PST PERFECT an: Sie hatte die Unterlagen aufbewahrt, niemand hatte ihr (das damals) gesagt...***
20. While the chairman was speaking to the employees, he was recorded. ***PAST CONTINUOUS / Zeitgleiche Handlungen.***
21. The screws had always been stored in the warehouse next to the office building until the management decided to move the warehouse. ***PAST PERFECT / Zwei Handlungen in zeitlicher Abfolge, die im Bezug stehen.***
22. Before they employed an administrator, they had had to ask an external company for support. ***PAST PERFECT / Zeitliche Abfolge: Seit sie jemanden angestellt haben, müssen sie nicht um Hife bitten – vorher schon!***
23. Last spring the company was struggling to get by. ***PAST CONTINUOUS / Damit liegt der Fokus auf dem Zeitraum, über den hinweg das Unternehmen kämpfte.***
24. Peter Müller left in 2014. Earlier he had been the managing director for seven years. ***PAST PERFECT / Zeitliche Abfolge.***
25. When the trainee came into the room, everybody was working. ***PAST CONTINUOUS / Handlungen zeitgleich: Die MitarbeiterInnen im Raum arbeiteten vorher, nachher und während er/sie hereinkam.***

Persönliche Notizen

ANSWER THE QUESTION

26-40/40 **BUSINESS**

PAST CONTINUOUS / PAST PERFECT

26. Were you listening the whole time during the meeting? Yes, ____________

27. Was she working on the presentation? No, ____________

28. Had he been the Head of Department before? Yes, ____________

29. Had you had enough time to prepare for the test? No, ____________

30. Were they having lunch then? Yes, ____________

FIND & FIX THE MISTAKE

31. Stewart was a freelancer before he started in this company.

32. When we came into the meeting room, our HR manager spoke.

33. The colleagues are having lunch when I had an external appointment.

34. The tankship lost a lot of oil and the locals tried to fix the damage.

35. After he spotted the mistake he reported it to the team.

36. Caroline drove home when she had the accident.

37. They set up the business in Denmark three years before they came here.

38. When they arrived at the trade fair center, the meeting already started.

39. We already know us long before we started to work for the same company.

40. The sun is shining when they left the office.

CHECK YOUR ANSWERS

26-40/40 **BUSINESS**

PAST CONTINUOUS / PAST PERFECT

26. **Were you** listening the whole time during the meeting? Yes, I was. ***Bei Fragen ist es eine einfache spontane Art, zu antworten, wie gefragt wurde: Fragewort aufgreifen. Hier ändert sich die Person: were wird zu was.***
27. **Was she** working on the presentation? No, she wasn't. ***Kurzantwort.***
28. **Had he** been the Head of Department before? Yes, he had. ***Fragewort aufgreifen.***
29. **Had you** had enough time to prepare for the test? No, I had not. ***Kurzantwort.***
30. **Were they** having lunch then? Yes, they were. ***Kurzantwort.***
31. Stewart **had been** ~~was~~ a freelancer before he started in this company. ***PAST PERFECT / Die Handlungen folgen zeitlich aufeinander und stehen im Bezug. Natürlich werden Sie verstanden, wenn Sie „aufzählen", dennoch wäre Past Perfect hier korrekt!***
32. When we came into the meeting room, our HR manager **was speaking** ~~spoke~~. ***PAST CONTINUOUS / Zwei zeitgleiche Handlunen, er/sie spricht schon vorher.***
33. The colleagues **were** ~~are~~ having lunch when I had an external appointment. ***PAST CONTINUOUS / Zwei zeitgleiche Handlungen.***
34. The tankship **was losing** ~~lost~~ a lot of oil and the locals tried to fix the damage. ***PAST CONTINUOUS / drückt hier aus, dass es über einen Zeitraum dauert.***
35. After he **had** spotted the mistake he reported it to the team. ***PAST PERFECT / Zeitliche Abfolge. Natürlich werden Sie verstanden, wenn Sie „aufzählen", dennoch wäre PAST PERFECT hier korrekt!***
36. Caroline **was driving** ~~drove~~ home when she had the accident. ***PAST CONTINUOUS / Zeitgleiche Handlung, Caroline befand sich in einer Rahmen-Handlung, als es passierte.***
37. They **had** set up the business in Denmark three years before they came here. ***PAST PERFECT / Zeitlich aufeinander folgend: 1. Dänemark, 2. hier.***
38. When they arrived at the trade fair center, the meeting **had** already started. ***PAST PERFECT / zeitliche Abfolge – die Treffen hatten schon begonnen.***
39. We **had** already **known**- eath other long before we started to work for the same company. ***PAST PERFECT / typischer Fehler, es wird versucht, 1:1 zu übersetzen!***
40. The sun **was** ~~is~~ shining when they left the office. ***PAST CONTINUOUS / Hier wurde PRESENT CONTINUOUS verwendet, aber der Bericht betrifft die Vergangenheit.***

Well done! You are finished with part 1!

five quid = fünf Pfund

Der Begriff ist dem Lateinischem entnommen: QUID PRO QUO = das Konzept „Etwas für etwas Anderes", also man erhält etwas von Wert, wenn man etwas anderes Wertvolles gibt!

Quid wird für Pfund im englischen Slang verwendet. ***to quit*** dagegen bedeutet: etwas verlassen, beenden. ***He quit his job.*** Quitt sein auf Englisch heißt im Übrigen: ***be quits!***

 I would be happy to see you in part 2!

Englische Grammatik - Teil 2!

Liebe*r Leser*in,

ich hoffe sehr, Sie konnten ihre Englischkenntnisse mit diesem Buch aufbessern. Das Buch ist derart konzipiert, dass es auch gerne mehrfach durchgearbeitet werden oder ganz konkrete Zeiten geübt werden können.

In eigener Sache würde ich mich sehr freuen, wenn Sie dieses Buch auf Amazon kurz positiv bewerten, um es inmitten vieler anderer Titel sichtbar zu halten. Danke!
Link zum Buch: https://amzn.to/3U40DJW!

Darüber hinaus möchte ich Sie auf den zweiten Teil dieser Buchreihe hinweisen. Nachdem Sie nun wissen, wie Sie die englischen Zeiten richtig anwenden, können Sie in Teil 2 ihre grammatikalischen Kenntnisse im Rahmen alltagsnaher Übungen mit Fokus auf das Vokabular Freizeit & Business vertiefen.

Englische Grammatik richtig anwenden
Teil 2 Englische Grammatik in der Praxis
Print-ISBN Band 2: 978-3-98538-167-8

Liste: 65 häufige Verben im Simple Present und Simple Past

Die folgenden Seiten dienen dazu, die gängigsten englischen Verben aufzuführen, und zwar in den Zeiten SIMPLE PRESENT (Kap. 1) und SIMPLE PAST (Kap. 3) – in positiven Sätzen. Ich glaube, eine Übersicht wie diese hilft Lernenden, Verben und Verbformen einzuüben, vor allem das he/she/it „s" und die unregelmäßigen Formen des SIMPLE PAST! In alphabethischer Order (englische Verben):

SIMPLE PRESENT	SIMPLE PAST	INFINITIVE/ GRUNDFORM
I, you, we, they allow her to go.	...allowed her to go.	to allow - erlauben
He, she, it allows her to go.	...allowed her to go.	
I, you, we, they ask for the way.	...asked for the way.	to ask - fragen
He, she, it asks for the way.	...asked for the way.	
I, you, we, they are nice.	...were nice.	to be - sein
He, she, it is nice.	...was nice.	
I, you, we, they become a teacher.	...became a teacher.	to become - werden
He, she, it becomes a teacher.	...became a teacher.	
I, you, we, they begin to work.	...began to work.	to begin - anfangen
He, she, it begins to work.	...began to work.	
I, you, we, they believe in God.	...believed in God.	to believe - glauben
He, she, it believes in God.	...believed in God.	
I, you, we, they build cars.	...built cars.	to build - bauen
He, she, it builds cars.	...built cars.	
I, you, we, they buy locally.	...bought locally.	to buy - kaufen
He, she, it buys locally.	...bought locally.	
I, you, we, they can sing.	...could sing.	can - können
He, she, it can sing.	...could sing.	MODALVERB
I, you, we, they change money.	...changed money	to change - wechseln
He, she, it changes money.	...changed money.	
I, you, we, they come home.	...came home	to come - kommen

He, she, it comes home.	...came home.	
I, you, we, they consider to leave.	...considered to leave.	to consider - überlegen
He, she, it considers to leave.	...considered to leave.	
I, you, we, they create something.	...created something.	to create - erschaffen
He, she, it creates something.	...created something.	
I, you, we, they cut the grass.	...cut the grass.	to cut - schneiden
He, she, it cuts the grass.	...cut the grass.	
I, you, we, they do the homework.	...did the homework.	to do - tun, machen
He, she, it does the homework.	...did the homework.	
I, you, we, they exchange clothes.	...exchanged clothes.	to exchange - tauschen
He, she, it exchanges clothes.	...exchanged clothes.	
I, you, we, they exclude her.	...excluded her.	to exclude - ausschließen
He, she, it excludes her.	...excluded her.	
I, you, we, they expect respect.	...expected respect.	to expect - erwarten
He, she, it expects respect.	...expected respect.	
I, you, we, they fall down.	...fell down.	to fall - fallen
He, she, it falls down.	...fell down.	
I, you, we, they feel lonely.	...felt lonely.	to feel - fühlen
He, she, it feels lonely.	...felt lonely.	
I, you, we, they forget the number.	...forgot the number.	to forget - vergessen
He, she, it forgets the number.	...forgot the number.	
I, you, we, they get pocket money.	...got pocket money.	to get - bekommen
He, she, it gets pocket money.	...got pocket money.	
I, you, we, they go shopping.	...went shopping.	to go - gehen
He, she, it goes shopping.	...went shopping.	
I, you, we, they grow fast.	...grew fast.	to grow - wachsen
He, she, it grows fast.	...grew fast.	

I, you, we, they happen to know.	...happened to know.	to happen - passieren
He, she, it happens to know.	...happened to know.	
I, you, we, they have a shower.	...had a shower.	to have - haben
He, she, it has a shower.	...had a shower.	
I, you, we, they hear a noise.	...heard a noise.	to hear - hören
He, she, it hears a noise.	...heard a noise.	
I, you, we, they hold hands.	...held hands.	to hold - halten
He, she, it holds hands.	...held hands.	
I, you, we, they include a gift.	...included a gift.	to include - beinhalten
He, she, it includes a gift.	...included a gift.	
I, you, we, they keep a secret.	...kept a secret.	to keep - behalten
He, she, it keeps a secret.	...kept a secret.	
I, you, we, they leave quietly.	...left quietly.	to leave - verlassen, gehen
He, she, it leaves quietly.	...left quietly.	
I, you, we, they let it go.	...let it go.	to let - lassen, vermieten
He, she, it lets it go.	...let it go.	
I, you, we, they listen to music.	...listened to music.	to listen - zuhören
He, she, it listens to music.	...listened to music.	
I, you, we, they live next door.	...lived next door.	to live - wohnen, leben
He, she, it lives next door.	...lived next door.	
I, you, we, they look for help.	...looked for help.	to look for - suchen
He, she, it looks for help	...looked for help.	
I, you, we, they love you.	...loved you.	to love - lieben
He, she, it loves you.	...loved you.	
I, you, we, they meet every day.	...met every day.	to meet - (sich) treffen
He, she, it meets every day.	...met every day.	
I, you, we, they must buy a ticket.	...had to buy a ticket.	must - müssen
He, she, it must buy a ticket.	...had to buy a ticket.	MODALVERB

I, you, we, they offer rooms.	...offered rooms.	to offer - anbieten
He, she, it offers rooms.	...offered rooms.	
I, you, we, they plant trees.	...planted trees.	to plant - pflanzen
He, she, it plants trees.	...planted trees.	
I, you, we, they put it on the table.	...put it on the table.	to put - legen, stellen
He, she, it puts it on the table.	...put it on the table.	
I, you, we, they read newspapers.	...read newspapers.	to read - lesen
He, she, it reads books.	...read books.	
I, you, we, they remember.	...remembered.	to remember - erinnern
He, she, it remembers.	...remembered.	
I, you, we, they say hello.	...said hello.	to say - sagen
He, she, it says hello.	...said hello.	
I, you, we, they see father.	...saw father.	to see - sehen, aufsuchen
He, she, it sees father.	...saw father.	
I, you, we, they seem unhappy.	...seemed unhappy.	to seem - scheinen, wirken
He, she, it seems unhappy.	...seemed unhappy.	
I, you, we, they sell food.	...sold food.	to sell - verkaufen
He, she, it sells food.	...sold food.	
I, you, we, they send text messages.	...sent text messages.	to send - schicken, senden
He, she, it sends text messages.	...sent text messages.	
I, you, we, they serve people.	...served people.	to serve – (be-)dienen,
He, she, it serves people.	...served people.	
I, you, we, they set the tone.	...set the tone.	to set - einstellen
He, she, it sets the tone.	...set the tone.	
I, you, we, they show the way.	...showed the way.	to show - zeigen
He, she, it shows the way.	...showed the way.	
I, you, we, they speak up.	...spoke up.	to speak - sprechen
He, she, it speaks up.	...spoke up.	

I, you, we, they spend much money.	...spent much money.	to spend - ausgeben
He, she, it spends much money.	...spent much money.	
I, you, we, they stand at the door.	...stood at the door.	to stand - stehen
He, she, it stands at the door.	...stood at the door.	
I, you, we, they start again.	...started again.	to start - beginnen
He, she, it starts again.	...started again.	
I, you, we, they stay overnight.	...stayed overnight.	to stay - verweilen, bleiben
He, she, it stays overnight.	...stayed overnight.	
I, you, we, they stop talking.	...stopped talking.	to stop - anhalten
He, she, it stops talking.	...stopped talking.	
I, you, we, they take the soup.	...took the soup.	to take - nehmen
He, she, it takes the soup.	...took the soup.	
I, you, we, they try out tennis.	...tried out tennis.	to try - versuchen
He, she, it tries out tennis.	...tried out tennis.	
I, you, we, they understand me.	...understood me.	to understand - verstehen
He, she, it understands me.	...understood me.	
I, you, we, they wait every day.	...waited every day.	to wait - warten
He, she, it waits every day.	...waited every day.	
I, you, we, they want ice-cream.	...wanted ice-cream.	to want - wollen, mögen
He, she, it wants ice-cream.	...wanted ice-cream.	
I, you, we, they watch the new.	...watched the news.	to watch - ansehen
He, she, it watches the news.	...watched the news.	
I, you, we, they work late.	...worked late.	to work - arbeiten
He, she, it works late.	...worked late.	

Lernfortschritte erkennen und abschließende Tipps

Sicher möchten Sie wissen, wie Sie Ihre Lernfortschritte messen können - falls Sie keine/n LehrerIn/TrainerIn haben oder einen Kurs besuchen, erhalten Sie schließlich keinerlei Rückmeldung.

Eine Art der Rückmeldung erfahren Sie über die Häufigkeit an Fehlern bei Übungen, die Sie machen. Nimmt die Fehlerquote ab, haben Sie sich verbessert. Sie können auch in Abständen Einstufungstests nutzen (diese sind online kostenlos möglich).

Die nachfolgenden zehn Fragen geben Ihnen zudem eine Anregung, eigenständig und ehrlich zu reflektieren:

1 Verwenden Sie ein *Lern-System*, um neue Wörter und Ausdrücke zu behalten? Notieren Sie beispielsweise wichtige Wörter in einer Kladde, einer App oder Ähnlichem?

2 Fällt es Ihnen zunehmend leichter, Vokabeln zu behalten, weil Sie diese regelmäßig wiederholen?

3 Fällt es Ihnen zunehmend leichter, Inhalte englischer Texte und/oder Filme zu verstehen, auch wenn Sie nicht alle Vokabeln kennen und stört es Sie nicht weiter, wenn Ihnen Wörter „fehlen"?

4 Fallen Ihnen auf Anhieb 15 Adjektive ein (beispielsweise solche, die Sie als Person beschreiben) und kennen Sie den Unterschied zu Adverbien?

5 Fallen Ihnen auf Anhieb 15 Gegensätze ein (möglicherweise gegensätzliche Eigenschaften)?

6 Könnten Sie – theoretisch – Ihre Einkaufs- und/oder Ihre geschäftlichen To-Do-Liste auf Englisch schreiben?

7 Können Sie Ihre Küche auf Englisch relativ mühelos beschreiben? Wo steht was? Beschreiben Sie den Raum genau, vergessen Sie auch die Fußleisten nicht! Gehen Sie alle Räume im Haus durch. Macht Ihnen das Spaß?

8 Wären Sie in der Lage, zwei bis drei Minuten spontan über ein Thema Ihrer Wahl frei zu sprechen sollten? Versuchen Sie es ruhig laut (ohne Zuhörer).

9 Stellen Sie Fragen auf Englisch richtig? Versuchen Sie im Kopf fünf Fragen auf Englisch zu formulieren, die Sie demnächst sowieso an Ihre FreundInnen/KollegInnen richten wollen.

10 Übung macht den Meister – Können Sie spontan gedanklich problemlos ins Englische wechseln? Damit simulieren Sie das, was passiert, wenn Sie eine Zeitlang im Ausland leben: Ihr Gehirn lernt, automatisch zwischen den Sprachen hin- und her zu schalten.

Jeder Lernprozess ist, genauso wie jeder Lernerfolg, sehr individuell. Sie kennen sich selbst am besten: Lernen Sie in der Regel schnell, brauchen Sie viele Wiederholungen? Lernen Sie leicht Sprachen? Vertrauen Sie auf Methoden, die Ihnen in der Vergangenheit geholfen haben und nutzen Sie diese – und setzen Sie sich **erreichbare** Ziele.

Lernen sollte vor allem Spaß machen und wenn es das tut, funktioniert es am besten.

Mit diesem Buch biete ich Ihnen aus grammatikalischer Sicht die Möglichkeit, alle wichtigen Zeiten der englischen Sprache anhand von zahlreichen Beispielsätzen richtig einzuüben. Dabei war es mir wichtig, sinnvolle und möglichst lebensnahe Beispiele zu wählen. Beim Schreiben der Übungsteile habe ich mir stets vorgestellt, wie die Sätze in einer Unterhaltung „unter Engländern" quasi laut ausgesprochen worden wären.

Sie treffen ständig Entscheidungen, auch wenn Sie eine Sprache lernen. Sie entscheiden, wie wichtig Ihnen das Thema ist, wieviel Zeit Sie investieren und welches Ziel Sie wann erreichen wollen. Dieses Buch ist so aufgebaut, dass Sie diese Entscheidungen völlig individuell treffen können: Sie wählen aus, was Sie interessiert und was nicht. Sammeln Sie Ihr bisheriges Wissen zur englischen Grammatik zusammen und ergänzen Sie es um die für Sie neuen Aspekte. So entscheiden Sie, welche Kapitel von weniger und welche von größerer Bedeutung sind. Eine Entscheidung haben Sie mit dem Kauf des Buches bereits getroffen: Ihre Englisch-Kompetenzen sollen sich verbessern. Nichts weniger als das ist mein Anliegen.

Schlagwörter - Grammar Keywords

Adjectives, Adjektive: Die sogenannten „wie-Wörter", sie beschreiben Eigenschaften, wie jemand oder etwas *ist/sind*: schnell, schlau, groß, klein, dick, dünn.

Adverbs, Adverbien: Die sogenannten „Umstandswörter", sie beziehen sich darauf, wie jemand etwas *tut*: sie läuft *schnell*. Er antwortet *erbost*. Im Englischen erhalten diese Wörter meistens die Endung *–ly*.

Aktiv und **passiv** sind sogenannte „Handlungsrichtungen" in der Grammatik. Aktiv ist die *Tätigkeitsform* (Ich tue etwas): I build a house. Passiv ist die Leideform: (Etwas wird von mir getan): The house is built by me.

Bedeutung für JETZT – Kriterium für Present Perfect: PRESENT PERFECT ist die Zeit der englischen Grammatik, die niemand so richtig mag - hier kommt ein Kriterium zum Tragen, das besagt: es gibt eine Bedeutung für den Moment JETZT, beispielsweise bei der Vermittlung von Nachrichten. Diese stehen oft im PRESENT PERFECT, denn für den/die LeserIn/ZuschauerIn ist die Information JETZT neu und wichtig! „Mr Müller *has announced* he will step down at the end of this month."

BIG 5: Ich verwende diesen Begriff für die zentralen fünf Zeiten der englischen Grammatik: SIMPLE PRESENT, PRESENT CONTINUOUS, SIMPLE PAST, PRESENT PERFECT und WILL FUTURE. Wer diese Zeiten richtig anwenden kann, verfügt über einen soliden Grundstock und kann die meisten Informationen kommunizieren.

Business: Dieser Hinweis im Buch bezieht sich auf den Übungsteil mit dem Schwerpunkt Business, das heißt Vokabular und Rahmenhandlungen beziehen sich hierauf.

Continuous, Verlaufsform: Dieses Konzept ist wichtig in der englischen Grammtik und bezieht sich auf Konstruktionen von Tätigkeitsverben mit der Endung *-ing*: doing, learning. Oft lautet die Erklärung „etwas ist im Verlauf". Im Deutschen würden wir umgangssprachlich sagen „Ich bin am Arbeiten." Noch wichtiger ist aber zu merken *–ing* bezieht sich auf eine Zeitspanne, einen Zeitraum. Ich kann in der englischen Grammatik nämlich auch einen Zeitraum in der Vergangenheit und Zukunft meinen – und brauche dafür auch eine Form des Continuous. „Continuous" und „progressive" sind zwei Bezeichnungen für dieselbe Verlaufsform.

Contractions, Kurzform: Von contractions spricht man, wenn Wörter verkürzt werden, im Englischen geschieht dieses in der Regel über das Apostroph: he is = he's. Ich verwende diesen Begriff auch für Kurzantworten: Do you like chocolate? Yes, I do.

collective nouns: Polizei ist ein „kollektives Hauptwort", denn wir meinen damit in der Regel die Polizeikräfte (viele Menschen).

Compound words: bezieht sich auf „zusammengesetzte" Wörter, hier: *anything*, *something* etc.

Essentials: Bezieht sich auf die wichtigsten Informationen zu jedem Grammatik-Thema.

Form des Verbs – bezieht sich auf die 1., 2. oder 3. Form eines Verbs: Eine Herausforderung in der englischen Grammatik sind die unregelmäßigen Verben. Damit es leichter verständlich ist, verwende ich diese Bezeichnung, denn die meisten Lernenden haben die Listen – mit drei Spalten – vor Augen.

Ersatzform – notwendig zur Bildung einiger Zeiten bei Modalverben für will, must, can (und andere) bestehen diese sogenannten Ersatzformen, damit alle Zeiten gebildet werden können, z.B.: must = *have to*.

Fragewörter: Wer, wie, was, warum, wann etc.

Grundform/Infinitive: Dieser Begriff kommt häufig bei Erläuterungen vor. Es ist quasi die „Ausgangsform" eines Verbs und wird in der englischen Grammatik mit dem *to* angezeigt: to go, to swim, to help...

Hilfsverb: In der Grammatik unterscheidet man zwischen Vollverben und Hilfsverben. Vollverben drücken die Tätigkeit im Satz aus, Hilfsverben *helfen*, eine Grammatik zu bilden. Im Englischen sind das *to be, to do, to have*.

Indirekte Rede/Backshifting: Wird verwendet, wenn wir wiedergeben, was jemand anderes gesagt hat: *She said he had called her eventually.* Zu diesem Thema finden Sie in diesem Buch nur eine Anmerkung. Falls Sie sich dafür interessieren, informieren Sie sich bitte online. Für Lernende der englischen Sprache steht das Thema – aus meiner Sicht – hinten an und hat aus diesem Grund hier keinen Platz gefunden. Verwendet wird es zum Beispiel, um Nachrichten zu übermitteln.

Infinitive = Grundform: Dieser Begriff kommt häufig bei Erläuterungen vor. Es ist quasi die „Ausgangsform" eines Verbs und wird in der englischen Grammatik mit dem *to* angezeigt: to go, to swim, to help...

Kurzantwort: Auf geschlossene Fragen können Sie immer mit einer Kurzantwort reagieren: Do you like fish? Yes, I do / No, I don't.

Leisure: Dieser Hinweis bezieht sich auf den Übungsteil mit dem Schwerpunkt Freizeit, das heißt Vokabular und Rahmenhandlungen beziehen sich hierauf. Es gibt mehr Hilfestellung als im Bereich Business.

Modalverben: Grammatikalisch meint modal „Notwendigkeit, Möglichkeit". Gemeint sind hiermit im Englischen Verben wie *must, can, should, will* etc...

Partizip: Bezieht sich auf die 3. Form (Partizip Perfect) eines Verbs.

Passiv und Aktiv sind sogenannte „Handlungsrichtungen" in der Grammatik. Passiv ist die *Leideform*: (Etwas wird von mir getan) The house is built by me. Aktiv ist die Tätigkeitsform (Ich tue etwas) I build a house.

Progressive: siehe continuous – ich verwende den Begriff continuous in diesem Buch.

Question tags: Mithilfe dieser wird um eine Bestätigung gefragt: You like Mike, don't you?

Quick Reader: Bezieht sich hier im Buch auf kurze Übersichten im Erläuterungsteil zu jeder Grammatik. Wer nicht viele Erläuterungen braucht und wem schon kleine Anstösse helfen, die/der möchte vielleicht auf diese Weise die Grammatik wiederholen.

Short answer: auf die sogenannten geschlossenen Fragen können Sie immer mit einer Kurzantwort reagieren: Do you like fish? Yes, I do / No, I don't.

Statische Verben = Zustandsverben: Diese Verben sind eine „Bedeutungsklasse" von Verben. Sie verweisen auf Situationen ohne Dynamik. Wichtig und deutlich wird der Unterschied zu dynamischen Verben im PRESENT CONTINUOUS, wenn Tätigkeiten über einen Zeitraum ausgeübt werden. Ausnahme: statische Verben, z.B. *denken*.

Subjekt, subject: Vereinfacht könnte man sagen, das ist der „Satzgegenstand", also wer oder was tut etwas, mit wem/was passiert etwas. Es handelt sich dabei häufig um eine Person oder Sache.

Tag questions: Beziehen sich auf Fragen, mithilfe derer um eine Bestätigung gefragt wird: You like Mike, don't you?

Verlaufsform: siehe continuous

Vollverb: Drückt die Haupttätigkeit des Satzes aus.

Zustandsverben: = Statische Verben, die eine „Bedeutungsklasse" von Verben sind und auf Situationen ohne Dynamik verweisen. Wichtig und deutlich wird der Unterschied zu dynamischen Verben im PRESENT CONTINUOUS (Zeitform), in der Tätigkeiten über einen Zeitraum ausgeübt werden, Ausnahme: statische Verben, z.B. *denken*.

Weitere Bücher von mir

LEAN on ENGLISH GRAMMAR BIG 5

Fünf Zeiten richtig anwenden und sicher auf Englisch kommunizieren

ISBN-13: 978-3-7568-8924-2 (Feb 2023, BOD)

ENGLISCHE GRAMMATIK

Regeln, Beispiele, Übungen für ein fehlerfreies Englisch.

ISBN-13: 978-3-7306-0317-8 (Jan 2017, Anaconda)

www.ingramcontent.com/pod-product-compliance
Lightning Source LLC
LaVergne TN
LVHW010431230826
846092LV00009BA/1119

* 9 7 8 3 9 8 5 3 8 1 6 1 6 *